簿 記 原 理

―― 初学者のための簿記入門 ――

西 村 勝 志 著

晃 洋 書 房

はしがき

　簿記とは何か？　この問題について論ずる場合，次のことが重要であろう．つまり，簿記は誰のため・何のために・どうするものかである．「誰のため」とは，簿記は誰のために利用されるのか，すなわち簿記の「利用者」のことである．簿記の利用者は，個人・政府・地方自治体・非営利組織・営利企業などの経済活動体である．「何のため」とは，簿記の「利用目的」のことである．すなわち，経済活動体が保有する財産の管理目的であるとともに，経済活動体の経済活動などの状況把握目的でもある．「どうするものか」とは，経済活動などの内容を帳簿というノートに記録することである．これは，経済活動などに対する具体的な記録の諸手法を指している．しかし，現実にはさまざまな経済活動を営む経済活動体が存在し，その利用目的も多様化しているので，経済活動体の特殊性から記入の仕方にも各種違いがみられる．経済活動体の1つである営利企業を例に挙げても，その属する業種によって記録の仕方が異なることからも窺える．

　本書では，それらすべてを網羅的に取り上げるわけにはいかない．そこで，どのような経済活動体を前提として簿記を理解すべきかを，古く経済の歴史を遡って考えてみよう．

　縄文時代では，生活に必要される野生の動植物を狩猟・採集していた．しかし，自然の厳しさに人間社会は疲弊し，やがて一部の豊かな自然（川・肥えた土壌など）のあるところに定住しはじめた．これは，狩猟採集社会から稲作農耕社会への変化を意味し，自ら必要とするものを自ら生産する自給自足の弥生時代（一説に拠れば，縄文時代の後期ともいわれる）を迎えたのである．そこでは，生産者個人の欲求を満足させるために生産し，例外的に余剰生産物を交換した．この交換（直接交換）に，経済社会の原点がみられる．やがて社会の欲求を満たすために，交換がさかんに行われるようになると，そこに市場が生まれてくる．他人消費生産物（＝商品）の誕生である．しかし，互いに必要する物量が

合致するとは限らず，交換相手を見つけ出すのは容易ではなかった．そのため，特定種類の商品（誰もがその交換価値を認める商品）を交換の媒介として利用するようになった．例えば，獣皮・宝貝・穀物などである．これが間接交換である．やがて，耐久性に優れた貴金属（銀・銅など）が利用されるようになり，秤量貨幣，鋳造貨幣へと進化していった．こうした貨幣を用いて金貸し業（両替業）や商業などが発展するに至ったのである．我々にとって最も身近な業種は，商業であろう．また，商業は最も基本的で一般的な業種でもある．それゆえ，本書は商業を前提とした簿記（商業簿記）を取り上げる．

商業簿記は，商業を営む企業が自らの活動などを帳簿に記入する諸手法である．この簿記を対象とした学問が，大学などで科目設定されている「簿記学」あるいは「簿記論」（ないし「簿記原理」）となる．我々がこれから学ぶものは，実務上の簿記そのものではない．あくまでも簿記の基本原理（「簿記論」ないし「簿記原理」）である．本タイトルを『簿記原理──初学者のための簿記入門──』としたのは，帳簿記入の技術を理解し，基本原理を解明していくことを狙いとしているからである．もちろん，本書は，大学・短大・専門学校等で簿記を初めて学ぶ者を対象にしている．

そこで，可能なかぎり数多くの〔取引例〕を取り入れることで，本文の説明を容易に理解できるよう工夫している．また，そのレベルは日本商工会議所主催の簿記検定試験3級商業簿記を想定している．

「簿記学」という学問は，書物を読んで知識を得るだけで十分に理解できるものではなく，それが実学であることから，練習問題をこなすことで学習者の真の理解度を高めて確認することが必要である．そのために，読者には各章末の練習問題を含め，数多くの簿記問題にあたることを薦めたい．

なお，本書の出版にあたっては，晃洋書房の上田芳樹代表取締役社長のご配慮に感謝するとともに，編集部の西村喜夫氏には大変お世話になり，衷心より御礼を申し上げる次第である．

平成21（2009）年3月

西　村　勝　志

目　　次

はしがき

第Ⅰ部　基本原理

第1章　簿記の意味 …………………………………………… 3

1. 簿記の意義　(3)
2. 簿記の語源　(5)
3. 簿記の条件　(5)
4. 簿記の目的　(6)
5. 会計期間　(6)
6. 簿記の種類　(7)
7. 簿記の歴史　(8)

第2章　簿記の基礎概念 ……………………………………… 11

1. 簿記の要素　(11)
2. 利益計算の方法　(16)

第3章　簿記上の取引 ………………………………………… 19

1. 取引の意義　(19)
2. 仕訳の意義　(21)
3. 総勘定元帳への転記　(23)

第4章　帳簿組織 ……………………………………………… 29

1. 帳簿の種類　(29)
2. 帳簿組織　(30)

第5章　決算と決算手続き　　31

1．決　　算　（31）
2．決算の手続き　（37）

第Ⅱ部　簿記の主要取引

第1章　現金・当座預金取引　　51

1．現 金 勘 定〔資産〕　（51）
2．現金過不足勘定　（56）
3．当座預金勘定〔資産〕　（57）
4．当座借越勘定〔負債〕　（60）
5．小口現金勘定〔資産〕　（62）
6．銀行預金等の預入れと利息の受取り　（65）

第2章　商品売買取引　　70

1．商品の売買　（70）
2．仕入及び売上の割引と割戻し　（76）
3．仕入帳・売上帳（補助記入帳）の作成　（77）
4．商品有高帳の作成　（80）

第3章　掛け取引と貸倒れ　　87

1．売掛金勘定〔資産〕・買掛金勘定〔負債〕　（87）
2．得意先元帳（売掛金元帳）と売掛金明細表　（88）
3．仕入先元帳（買掛金元帳）と買掛金明細表　（90）
4．貸 倒 れ　（92）
5．貸倒れの見積もりと発生　（93）
6．貸倒れの見積もり方法　（93）
7．貸倒引当金の記帳方法　（94）
8．償却債権取立益勘定〔収益〕　（96）

第4章　手形取引 …………………………………… 98

1. 手　　形　(98)
2. 手形の裏書譲渡　(101)
3. 手形の割引　(101)
4. 手形による金銭貸借　(101)
5. 手形の更改　(103)
6. 受取手形記入帳・支払手形記入帳（補助記入帳）の作成　(103)

第5章　その他の債権・債務の取引 …………………………………… 107

1. 前払金勘定〔資産〕・前受金勘定〔負債〕　(107)
2. 貸付金勘定〔資産〕・借入金勘定〔負債〕　(109)
3. 未収金勘定〔資産〕・未払金勘定〔負債〕　(110)
4. 立替金勘定〔資産〕・預り金勘定〔負債〕　(112)
5. 仮払金勘定〔資産〕・仮受金勘定〔負債〕　(113)
6. 商品券勘定〔負債〕　(114)

第6章　有価証券取引 …………………………………… 117

1. 有価証券　(117)
2. 有価証券の取得・売却取引　(119)
3. 有価証券の評価替え　(120)

第7章　個人企業の資本金・引出金取引 …………………………………… 121

1. 資本金勘定〔純資産（資本）〕　(121)
2. 引出金勘定〔資本金の評価勘定〕　(123)

第8章　個人企業の税金 …………………………………… 124

1. 個人企業の税金　(124)
2. 税法上費用〔損金〕として否認されるもの　(124)
3. 税法上費用〔損金〕として容認されるもの　(125)

第9章　固定資産取引 ……………………………… 127
1. 固定資産　(127)
2. 固定資産の購入取引　(128)
3. 固定資産の減価償却　(130)
4. 固定資産の売却取引　(132)
5. 固定資産台帳　(135)

第10章　営業費・その他の取引 ……………………… 136
1. 営業費　(136)
2. 消耗品の処理　(139)
3. 営業外費用及び営業外収益　(140)

第11章　伝票会計 …………………………………… 142
1. 伝票制度のしくみ　(142)
2. 伝票の種類　(142)
3. 総勘定元帳への転記　(147)

第12章　経過勘定項目 ………………………………… 151
1. 経過勘定項目　(151)
2. 費用の見越し・繰延べ　(151)
3. 収益の見越し・繰延べ　(153)

第Ⅲ部　決算と財務諸表

第1章　決算手続き ……………………………………… 159
1. 簿記一巡の手続き　(159)
2. 決算の具体的手続き　(159)

第2章　決算予備手続き ………………………………… 161
1. 試算表の作成　(161)

2．決算整理　　（164）
　　　3．棚卸表の作成　　（165）
　　　4．精算表の作成（8桁精算表）　　（170）
第3章　決算本手続き〔Ⅰ〕（帳簿決算） …………………… 177
　　　1．元帳の締切り　　（177）
　　　2．繰越試算表の作成　　（185）
　　　3．仕訳帳・補助簿の締切り　　（185）
第4章　決算本手続き〔Ⅱ〕（財務諸表の作成） …………… 188
　　　1．損益計算書　　（188）
　　　2．貸借対照表　　（189）

　索　　引　　（195）

第Ⅰ部　基本原理

第1章　簿記の意味

1．簿記の意義

　簿記を一言でいえば，経済活動体の経済活動ないし経済事象を貨幣数値（価額）によって把握するための記録計算技術（又はその行為）である．このように，簿記の記録対象が経済活動体の経済活動ないし経済事象であるから，簿記を学ぶためにはその前提である経済の意味を理解しなければならない．

(1) 経　済

　経済活動体における**経済**は，もともと中国の道教（古典）の1つで東晋時代の葛洪によって記された『抱朴子（ほうぼくし）』の中で取り上げられる「経世済俗〔経世済民〕」（世を治め，民を救うこと）という用語に由来している．その用語は，社会生活を営む人々の生活苦を救う意味をもっている（また今日と違って，政治的意味合いも含まれるなど広義的に使用されてきた経緯もある）．したがって，経済は必要とされる物を必要な分だけ必要な所へ提供することである．その意味で，経済は社会生活を営むための物財の生産・売買・消費などの行動を指している．必要な物を必要な所に必要なだけ提供するので，無駄がない．そこで，費用や手間がかからない状態を指すこともある．日常でも，無駄なことを「不経済」と表現するのは周知のとおりである．われわれ人間社会において，このような経済を担う主体として，**経済活動体**が挙げられる．

(2) 経済活動体

　経済を担う主体（経済活動を営む主体）である経済活動体は，我々の社会生活

で必要とされる物財やサーヴィスの提供を目的とした**生産経済活動体**と，物財やサーヴィスの消費を目的とした**消費経済活動体**とに分けられる．前者には企業がその例として挙げられ，後者には個人や国・地方自治体等が挙げられる．このように，経済活動体にはさまざまな種類があり，簿記はそれぞれ経済活動体ごとの経済活動それ自体やそこでの経済事象を記録計算の対象としている．

こうした簿記を対象とする学問である簿記学では，企業を前提とするのが一般的であるため，本書では生産経済活動体である企業を中心に展開する．

(3) 経済活動

生産経済活動体の**経済活動**は，企業の営業活動と金融活動等とに分けられる．前者には，商品や製品の購買・生産・保管・販売・回収活動等が含まれるが，後者には，金銭貸借活動や商品以外の物財の取得・売却活動等が含まれる．消費経済活動体の経済活動は，専ら生産経済活動体が生産する物財やサーヴィスを消費する活動である．

(4) 経済事象

事象とは，実際に起こった事柄で誰も否定できないもの（事実）や感覚の働きによって認識できる一切の物事（現象）である．したがって，**経済事象**とは，経済の領域で生じる事実や現象である．この経済事象は，企業自身が行う具体的な行為ではなく，企業の経済活動の中で必然的・不可避的あるいは偶発的に生ずる事象である．例えば，商品売買業では，いつでも注文にも応じられるように一定の在庫を維持する必要がある．しかし，それを保有しているうちに減耗が生じることがある．また製造業では，原料を保管している過程や消費する過程でガス化・紛散することによる減損（ロス）が生じることもある．さらに，特定の業種に限らず，火災による建物の焼失等・盗難による金銭の紛失等も生じる場合がある．

これらの経済事象は，企業の経済活動ではないが，後述する簿記の目的を達成するためには経済活動と同様に把握しておかなければならない重要な記録対象である．

2．簿記の語源

簿記の語源は，「帳簿記入」の略語あるいはbookkeepingの訛りであるといわれている．

3．簿記の条件

簿記が簿記であるためには，次の3つの条件が必要である．

簿記の条件 $\begin{cases} ① 経済活動・経済事象の記録であること \\ ② 継続的な記録であること \\ ③ 貨幣金額による記録であること \end{cases}$

① 経済活動・経済事象の記録であること

簿記は経済活動体の経済活動・経済事象を記録計算の対象としているので，簿記が簿記であるための簿記の記録内容は，企業等の経済活動・経済事象となる．したがって，我々個人にとって身近な存在である家計もまた簿記の仲間であり，金銭の受入れや支払い等といった経済活動及び金銭の紛失等の経済事象が帳簿（家計簿）への記録対象となっている．

② 継続的な記録であること

企業等の経済活動・経済事象は，企業等が存続する期間において継続して行われるか，あるいはその間に生じるものであるから，それらを記録する簿記も継続的な記録にならざるを得ない．これは，記録対象（企業等の経済活動・経済事象）の特質に依拠している．

③ 貨幣金額による記録であること

記録計算の対象となる企業等の経済活動・経済事象はその内容が異なるため，それらの共通の客観的尺度としては，貨幣による記録以外には存在しない．したがって，簿記では貨幣金額による測定・記録が行われる．

4．簿記の目的

簿記の目的は，大きく分けて次の3つが挙げられる．
① 財政状態の表示目的
　財政状態の表示とは，一定時点における企業の財産等の状況を明らかにすることを意味している．具体的には，一定時点における企業の資産〔積極財産〕・負債〔消極財産〕及び純資産（資本）〔純財産〕の状況を示すことが，簿記の第1の目的である財政状態の表示である．より厳密にいえば，財政という用語は経済活動体がその存立を維持し続けるために必要な資金調達とその運用を意味することから，財政状態の表示とは，経済活動体にとっての活動資金の調達状況とその運用状況を示すことと解される．
② 経営成績の表示目的
　経営成績の表示とは，一定期間における企業の損益状況を明らかにすることを意味している．具体的には，一定期間に得た（経営成果としての）収益から，これを得るために犠牲になった（経営努力としての）費用を差し引いた期間的な業績を示すことが，簿記の第2の目的である経営成績の表示である．
③ 財産管理目的
　財産管理とは，日常的な経済活動に伴って変動している企業財産を数量と金額の面から組織的・網羅的に記録・計算することで，不要な財産紛失を避けて財産を適切に保全することである．簿記の第3の目的である財産管理は，主として補助簿によって行われる．

5．会 計 期 間

　企業は倒産（ないし解散）しない限り，その存続は永久的である．そのため，人為的に計算期間を区切らなければ，簿記の目的である財政状態及び経営成績の表示は達成し得ない．この期間は，**会計期間**（1年ないし半年）とよばれる．また，一会計期間の開始は**期首**，その終了は**期末**，その間は**期中**といわれる．

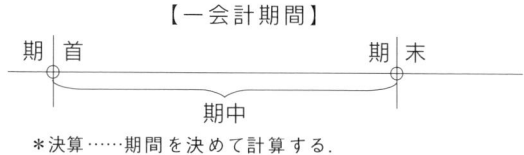

*決算……期間を決めて計算する．

6．簿記の種類

① 記帳方法の観点からの分類

　簿記は，その記帳方法の違いによって，単式簿記と複式簿記とに分けられる．**単式簿記**とは，一定の体系的な秩序ある記帳を前提とせず，極めて単純かつ常識的な記帳を行う簿記である．例えば，小遣帳や家計簿などがその例で，金銭の収入・支出を記録するものである．これに対して，**複式簿記**とは，一定の体系的な秩序ある記帳を前提とするもので，企業のあらゆる経済活動に関わる取引金額を原因と結果別・2つ以上の取引要素別・貸借別に二重に記入する特徴をもつ簿記である．

② 企業目的の観点からの分類

　簿記は，企業活動目的の違い（営利目的の有無）によって営利簿記と非営利簿記とに分けられる．**営利簿記**は，利益獲得を目的とする企業で用いられるもので，利益計算を行うという点がその特徴である．**非営利簿記**は，営利を目的としない個人や国・地方自治体などで用いられるもので，利益計算を行わない．

③ 企業業種の観点からの分類

　簿記が効率よくその目的を果たすためには，企業の業種に応じた固有の勘定科目設定や帳簿組織立案が必要となる．それゆえ，簿記は業種の違いによっても分けられる．例えば，営利簿記では，商品売買業で用いられている**商業簿記**，製造業で用いられている**工業簿記**，銀行業で用いられている**銀行簿記**，運送業で用いられる**運送業簿記**，不動産業で用いられる**不動産業簿記**，ホテル業で用いられる**ホテル業簿記**，さらに農業経営で用いられている**農業簿記**などがある．非営利簿記では，非営利法人などに応じて**学校簿記**，**病院簿記**，**官庁簿記**などがある．

④ 企業形態の観点からの分類

企業の形態は，企業活動資金の調達形態の違いから個人企業・持分会社（合名会社・合資会社・合同会社）・株式会社に分けられる．

個人企業は，企業活動を行うにあたって，企業活動資金を出資する資本主（店主）が経営も担う企業で，経営者が当該活動に関わる権利義務の主体となり得る企業である．個人企業の儲けはすべて資本主たる経営者個人の所得とされるが，経営者は企業活動における無限の責任を負うことにもなる．こうした個人企業で用いられる簿記が**個人企業簿記**である．

持分会社は，その出資者たる社員の会社に対する割合的地位を「持分」とした上で，内部関係において組合的規律がなされる会社である．すなわち，出資は金銭その他の財産のほか，労務（労働用役の提供）・信用（名前を連ねる等）でもよい．この持分会社は，複数の出資者が共同で経営する無限責任社員のみで構成される**合名会社**，出資者でかつ経営を担う無限責任社員と出資のみ行う有限責任社員から成る**合資会社**，有限責任社員のみで構成される**合同会社**に分けられる．こうした持分会社で用いられる簿記が，**持分会社簿記**である．

株式会社は，出資者からの出資（資本の払込み）に基づいて，当該出資者に株式を発行してきた（しかし2009年から株券電子化制度が導入され，株式の発行が不要となった）．当該出資者が株主と呼ばれている．株主は企業経営に直接参加しないで経営者に企業経営を委ねているので，倒産した場合には出資額のみの責任しか負わない（株主の有限責任制）．また，株主が保有する株式は，証券市場を通して第三者に譲渡することも可能である（株式の自由譲渡性）．こうした株式会社で用いられる簿記が**株式会社簿記**である．

7．簿記の歴史

簿記の起源は，現金収支の記帳という観点からみれば，最も原始的なものとして紀元前4000年も前にさかのぼることができる．この現金収支の記帳は，貨幣を媒介とした財貨の交換が行われるようになった時代であり，王侯・貴族が召使い（ないし奴隷）に金銭の管理及び報告をさせるために用いたものとされて

いる．その意味では，最初の簿記は最も単純な記録技術であった．

　しかし，近代的な意味における簿記は，商業の著しい発展に伴い，勘定科目と貸借複記原則（貸借平均の原理）を特徴とする複式簿記として紀元1300～1400年代に発生したといわれている．つまり，現金収支のみを記録の対象としていた時代から銀行業（金貸業）による債権・債務も記録の対象とした時代への移り変わりは，単式簿記から複式簿記への発展を意味し，そこに現在の複式簿記の原形が見出される．複式簿記の原理による具体的なものでは，1211年のフローレンス（イタリア）のメディチ家の銀行家が為替などの振替記帳を行った会計記録があり，また，完全な形で複式簿記がなされているものは，1340年のゼノア市政庁の会計記録であるとされている．

　この時代の背景には，1096年からはじまった十字軍の遠征以後，地中海貿易並びに海上交通の発展によるフローレンス・ゼノア・ヴェニスなどの都市国家の形成が挙げられる．その中で，イタリアのみならず，イタリアと商業取引のあったヨーロッパ各地に大きな影響を与え，複式簿記の発展に貢献したのは，フランチェスカ派の僧侶で数学者であったルカ・パチオリ（Luca Pacioli）が1494年にヴェニスで刊行した「スムマ」（算術・幾何・比及比例全書）である．この「スムマ」の一部として収録された「計算及び記録に関する詳説」は，当時ヴェニスで用いられていた簿記法を解説した実務書である．

　しかし，東ローマ帝国（ビザンティン帝国）がオスマン・トルコの遠征によって滅亡したこと（1453年）もあって，イタリアの諸都市が中心であったそれまでの地中海貿易が崩壊し，とりわけ15世紀末からスペイン・ポルトガルなどを中心とした大航海時代が到来することになった．1487年のバスコ・ダ・ガマによるインド航路発見，1492年のコロンブスによるアメリカ新大陸発見，1519年から1522年のマゼランの世界一周などはあまりにも有名である．彼らは，国王の命を受け，高値で取引される香辛料・綿織物などを求めて，遠く永い危険な航路へ旅立ったのである．オランダやイギリスなども競ってインド方面に向い，ヨーロッパ諸国は，アフリカで人身売買などによる労働力の獲得を，アジアでは安価な香辛料などの仕入れを，さらには金も獲得していった．

　当時の企業（冒険企業＝当座企業）の存続期間は，出資者を募って船乗りを雇

い，船と出発地の特産品を購入し，特産品は目的地で売りさばき，獲得した金銭で現地の産物を購入し，出発地に戻るという極めて危険な一航海の期間（場合によっては数年も）であった．この航海が終了すると，船も含めすべてを売却し，出資割合に応じた出資者への分配を行うことで，企業は解散した．したがって，当時の商業は組合によるこうした冒険企業が中心であったので，一航海ごとに損益計算が行われていた．いわば，「口別損益計算」である．しかし，やがて冒険企業が衰退するにつれて，継続企業を前提とした期間損益計算（会計期間を一定期間に限定して期間損益を計算すること）を行うようになった．いわば，「期間損益計算」の必要性が高まってきたのである．その流れは，1673年の「フランス商事条令」，次いで1861年の「普通ドイツ商法」へと受け継がれ，財産目録の作成や年度決算制度が確立するに至った．このように，イタリアで発生した複式簿記は，資本主義経済の発展とともにフランス・ドイツ・イギリスそしてアメリカで普及し，広く商人に利用されるようになった．

　資本主義経済の発展は，18世紀後半のイギリス産業革命によって本格化した．作業機械である紡績機や織機の発展や動力機械としての蒸気機関の利用が各方面に普及し，製造業では工場制手工業から機械制大工業へと発展するとともに，鉄道業などの飛躍的な発展により交通網も発達し，そのために巨額の資金調達を可能とする株式会社制度の必要性がより高まってきた．とりわけ，20世紀に入ると株式会社制度が普及し，株式会社簿記は一般的な簿記となった．

　我が国においては，1873（明治6）年のアラン・シャンド（Alexander Allan Shand）著『銀行簿記精法』及びブライアント・ストラットン著／福澤諭吉訳『帳合之法』（原著書：*Bryant and Stratton's Common School Book-Keeping, embracing single and entry*, 1861）によって複式簿記が普及したとされる．これは，我が国で最初に出版された西洋式簿記書であった．ただし，最初に翻訳出版したのは単式簿記についてであって，翌（明治7）年に出版したものが複式簿記であった．

　そのほかにも，C.C.マルシュ（Christopher Columbus Marsh）著／小林儀秀訳『馬耳蘇氏記簿法』などが挙げられる．これは，明治9年に小中学校の記簿法の教科書として旧文部省が刊行したが，実用書として会社等で広く長期にわたり利用されたといわれている．

第 2 章　簿記の基礎概念

1．簿記の要素

　企業等の経済活動ないし経済事象を示す簿記の基本要素は，次の5つである．すなわち，企業の財政状態に関わる資産・負債及び純資産（資本）と，企業の経営成績に関わる費用・収益である．企業等の財政状態は，貸借対照表という一覧表に資産・負債及び純資産（資本）が記載されることで明らかにされる．また，企業等の経営成績は，損益計算書という一覧表に費用・収益が記載されることで明らかにされる．

　では，次に貸借対照表と損益計算書が財政状態及び経営成績をどのように示しているのか，そこに記載される基本要素である資産・負債・純資産（資本）・費用・収益とは何かを明らかにしよう．

(1)　貸借対照表（Balance Sheet；B/S）

　貸借対照表とは，一時点における企業の財政状態を示したものである．この貸借対照表では，左側に資産が記載され，右側に負債・純資産（資本）が記載されている．資産・負債及び純資産（資本）を財産概念で捉えると，左側の資産は積極財産，右側の負債は消極財産とも呼ばれているので，純資産（資本）は純財産（正味財産）を示しているとみられる．

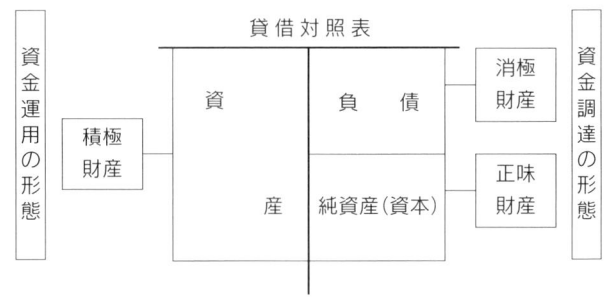

したがって，資産・負債及び純資産（資本）は財産概念で説明できる．その一方で，貸借対照表の右側は企業への出資関係（資金の調達形態）を，左側は調達資金の運用関係（資金の運用形態）を示しているともいえる．

簿記では，純財産を示す純資産（資本）は資産総額から負債総額を差し引いた差額として計算されるので，資産・負債・純資産（資本）の3つの関係を資本算出の等式として示せば，次のとおりである．

資 産 － 負 債 ＝ 純資産（資本）……純資産（資本）等式

また，上記の表からわかるように，貸借対照表は次の等式に基づいて作成されている．すなわち，資本等式の左辺にある負債を右辺に移行した等式（貸借対照表等式）である．

資 産 ＝ 負 債 ＋ 純資産（資本）……貸借対照表等式

そこで，次に貸借対照表で示される資産・負債及び純資産（資本）の概念について説明する．

① 資　産

資産とは，将来の収益獲得潜在力であり，具体的には企業の経済活動で必要とされる財貨・債権等で構成されている．財貨とは，現金・商品・土地・建物・車両運搬具・備品等である．その内容は，現金及び売却すれば現金になるもの等である．債権には，売掛金・貸付金・未収金・前払金・立替金等がある．その内容は，後日に現金ないし商品の提供を受ける権利である．いずれも個別的換金性，つまり財産価値を有するものが中心となる．

・財　貨……現金・商品・土地・建物・車両運搬具・備品等
・債　権……売掛金・貸付金・未収金・前払金・立替金等

② 負　債

　負債とは，将来における収益獲得潜在力の犠牲であり，具体的には企業が負担する債務等で構成されている．その債務は，金銭を支払わなければならない義務と商品を提供しなければならない義務とに分けられる．金銭を支払う債務には，買掛金・借入金・未払金等がある．商品を提供する債務には，前受金・商品券等がある．いずれも将来に企業の資産（現金・商品）の減少をもたらす債務性のあるものが中心である．

　　・金銭支払義務……買掛金・借入金・未払金等
　　・商品提供義務……前受金・商品券等

③ 純資産（資本）

　純資産（資本）とは，資産総額から負債総額を差し引いた差額，すなわち純財産（正味財産）である．この純資産（資本）は負債と異なり，資本の拠出者に対する返済する義務はない．個人企業での純資産（資本）は，資本金（及び当期純利益）で構成されている．この場合の資本金は，個人企業の店主個人から拠出されたもの（出資額）である．

　　　　純資産（資本）……資本金（及び当期純利益）

④ 貸借対照表の雛形

貸 借 対 照 表

○○商店　　　　　　平成○年12月31日現在

資　産	金　額	負債及び純資産	金　額
現　　金	50,000	買　掛　金	70,000
売　掛　金	40,000	借　入　金	40,000
商　　品	60,000	資　本　金	500,000
備　　品	85,000	当期純利益	25,000
建　　物	400,000		
	635,000		635,000

　明瞭表示の観点から，合計額は同じ行にそろえる必要がある．そこで，左側と右側が一致しない時は，少ない側に斜線を入れることによってそろえるのである．

(2) 損益計算書（Profit and Loss Statement；P/L，Income Statement；I/S）

損益計算書とは，収益と費用の発生額を原因別に示し，その差額を一覧表にしたものである．損益計算書では，左側に費用が，右側に収益が，その発生原因別に記載されている．左側の費用は厳密な意味での損失（収益獲得に何ら貢献しない）を含んでおり，その差額が当期純損益を示すことになる．

損益計算書（P/L）

費　　用	収
（損失を含む）	
当期純利益	益

このように記載されることで，総収益が総費用より多い場合には，当期純損益は純利益を示し，逆に総収益が総費用より少ない場合には，当期純損益は純損失を示すことになる．このため，損益計算書は，一定期間における企業の経営成績を示しているといえる．

簿記では，経営成果を示す当期純損益は総収益から総費用を差し引いた差額として計算されるので，費用・収益及び当期純損益の3つの関係を示せば，次のとおりである．

　　費　用 ＜ 収　益の場合……総収益 － 総費用 ＝ 当期純利益
　　費　用 ＞ 収　益の場合……総収益 － 総費用 ＝ 当期純損失

また，上記の表から理解できるように，損益計算書は次の等式に基づいて作成されている．すなわち，この等式を損益計算書等式という．

　　　総費用 ＋ 当期純利益 ＝ 総収益……損益計算書等式

① 収　益

収益とは，企業の経済活動によって獲得されたもので，純資産（資本）増加の原因となるものである．商品売買業における主たる営業活動の収益は，商品売買益（商品販売益又は商品売上益）等であり，サーヴィス業では，受取手数料等である．また，主たる営業活動以外の活動において生じる収益は，受取利息・受取家賃・受取地代・雑益等である．

主な収益 ｛
・商品売買業………商品売買益(商品販売益又は商品売上益)等
・サーヴィス業……受取手数料等
・その他…………受取利息・受取家賃・受取地代・雑益等

② 費　用

費用とは，収益を獲得するために支払われた犠牲で，純資産減少の原因となるものである．主たる営業活動における費用（営業費用）は，給料・交通費・通信費・広告料・支払家賃・支払地代・保険料・消耗品費・支払手数料・雑費等である．それ以外の活動（営業外活動など）での費用は，支払利息・雑損等である．

主な費用 ｛
・営業費……給料・交通費・通信費・支払家賃・広告料・保険料・支払地代・支払手数料・消耗品費・雑費等
・その他……支払利息・雑損等

③ 損益計算書の雛形

損　益　計　算　書

○○商店　　　　平成○年1月1日～12月31日

費　用	金　額	収　益	金　額
給　　料	23,000	商品売買益	50,000
水道光熱費	12,000	受取手数料	20,000
保　険　料	8,000		
雑　　費	2,000		
当期純利益	**25,000**		
	70,000		70,000

貸借対照表と同様に，明瞭表示の観点から合計額を同じ行にそろえる必要がある．そこで，左側と右側が一致しない時は，少ない側に斜線を入れることによってそろえるのである．

④ 財務諸表

財務諸表とは，企業の経済活動に関する諸表であり，前述の貸借対照表・損益計算書のほかにキャッシュ・フロー計算書もある．キャッシュ・フロー計算書は一会計期間におけるキャッシュの増減を示した計算書で，企業の資金情報

（資金獲得力・債務支払力・資金調達の必要性等に関する情報）を提供する．

2．利益計算の方法

期間損益を計算する場合，一定期間における純財産の増加分が当該期間の利益と考えられるため，その増加分である期間損益を増加結果の観点（貸借対照表側）から把握するか，増加原因の観点（損益計算書側）から把握するかによって，次の2つの方法が考えられる．

(1) 財産法

財産法とは，期首と期末の純資産（資本）総額を比較して，その差額を期間損益とする方法である．その具体的な算式は，次のとおりである．

当期純損益 ＝ 期末純資産（資本）総額 － 期首純資産（資本）総額
- ・＋の場合……当期純利益
- ・－の場合……当期純損失

この場合，期首と期末の純資産総額は，それぞれの時点における資産総額から負債総額を差し引いた結果である．したがって，次の式で算出される．

期末純資産（資本）総額 ＝ 期末資産総額 － 期末負債総額
期首純資産（資本）総額 ＝ 期首資産総額 － 期首負債総額

また，次の算式も同時に成り立っている．

期末純資産（資本）＝ 期首純資産（資本）＋ 当期純利益（又は当期純損失）

期末資産 ＝ 期末負債 ＋ 期首純資産（資本）＋ 当期純利益（又は当期純損失）

この方法では，期間損益がどのような源泉で生じたのかを明らかにすることができないので，期間損益の発生原因の観点から純財産の増加を把握する方法が考えられる．

(2) 損益法

損益法とは，一会計期間の収益総額と費用総額を比較して，その差額を期間損益とする方法である．その具体的な算式は，次のとおりである．

　　　当期純損益 ＝ 当期総収益 － 当期総費用

〔財産法と損益法との関係〕

財産法と損益法との関連性を貸借対照表及び損益計算書を通して図示すれば，次のとおりである．

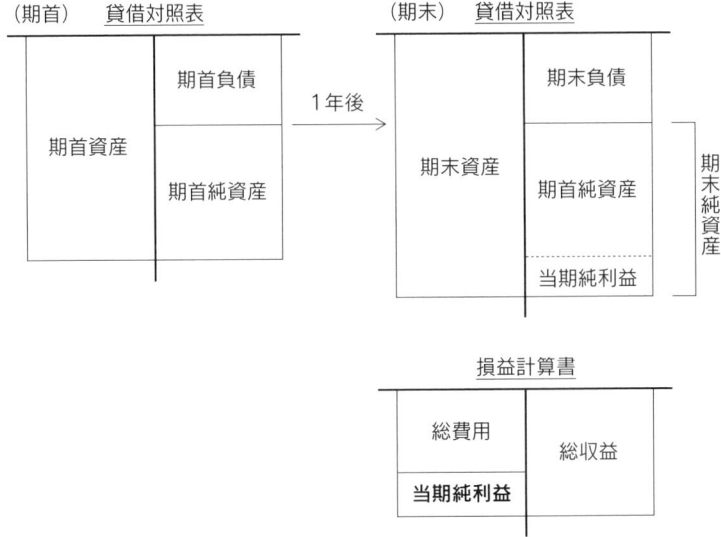

上図で示されるように，財産法によって貸借対照表の観点から期間損益を計算しても，損益法によって損益計算書観点から期間損益を計算しても，当期純利益（経営成果）は同じである．これが複式簿記の大きな特徴である．

練習問題1

京都商店の期末（12月31日）における資産・負債及び純資産（資本）は，次のとおりであった．貸借対照表を作成しなさい．

現　　金　¥ 20,000　　銀行預金　¥ 30,000　　売 掛 金　¥42,000
建　　物　¥100,000　　土　　地　¥150,000　　買 掛 金　¥57,000
借 入 金　¥164,000　　資 本 金　¥100,000

貸借対照表

京都商店　　　　平成○年12月31日現在

資　産	金　額	負債及び純資産	金　額

練習問題2

京都商店の期末（12月31日）における収益と費用は，次のとおりであった．損益計算書を作成しなさい．

給　　　料	¥26,000	商品売買益	¥98,000	消耗品費	¥14,000
支払家賃	¥42,000	交　通　費	¥12,000	受取手数料	¥21,000
受取利息	¥3,000	広　告　料	¥6,000	雑　　　費	¥1,000

損益計算書

京都商店　　　　平成○年1月1日～12月31日

費　用	金　額	収　益	金　額

練習問題3

次の空欄を埋めなさい．

会社	【期首】貸借対照表			【期末】貸借対照表			損益計算書		
	期首資産	期首負債	期首純資産	期末資産	期末負債	期末純資産	総収益	総費用	純損益
A	300,000	(　　)	(　　)	250,000	(　　)	170,000	150,000	80,000	(　　)
B	350,000	(　　)	200,000	400,000	(　　)	(　　)	260,000	(　　)	50,000
C	(　　)	200,000	100,000	350,000	290,000	(　　)	(　　)	280,000	(　　)

《注》マイナスの場合，△を付すこと！

第3章 簿記上の取引

1. 取引の意義

　簿記上の取引とは，基本要素である資産・負債及び純資産（資本）を増減させる事象や費用・収益の発生・消滅をもたらす事象をいう．したがって，基本要素の増減・発生・消滅をもたらさないものは，簿記上の取引として認識しないのである．

(1) 一般的な取引との相違点
　一般的な取引とは，取引相手が存在しており，取引内容が取決めによって恒久的事実として客観的に捉えることができるものである．しかし，簿記上の取引は，取引相手が必ずしも存在している必要もなく，企業取引の基本要素である資産・負債・純資産（資本）・費用・収益に増減変化が生じる事象をいう．したがって，契約だけでは，企業取引の基本要素に変化は生じていないので，簿記上の取引とはいえないが，また火災などによる損失は，取引相手が存在していないけれども，簿記上の取引となる．

　簿記上の取引を一般的な取引との比較から図示すれば，次のとおりである．

① 取引の分類

簿記上の取引は，損益発生の観点から及び現金収支の観点から分類できる．

(a) 損益発生の観点からの分類

簿記上の取引は，損益発生の観点から交換取引・損益取引・混合取引の3つに分けられる．**交換取引**とは，損益の増減をもたらさない取引であり，例えば，備品を購入して代金を現金で支払った場合には，備品〔資産〕と現金〔資産〕の交換である．交換は原則として等価交換であり，損益の発生はあらわれない．**損益取引**とは，取引総額のすべてが損益の増減となってあらわれる取引であり，例えば，給料を現金で支払った場合には，取引総額のすべてが給料〔費用〕の発生である．**混合取引**とは，交換取引と損益取引とが同時に起こる取引である．例えば，商品を販売して商品売買益〔収益〕を獲得した場合には，商品〔資産〕と現金〔資産〕の交換が行われ，また同時に商品売買益〔収益〕の発生もあらわれる．

(b) 現金収支の観点からの分類

簿記上の取引は，現金収支の観点から入金取引・出金取引・振替取引の3つに分けられる．**入金取引**とは，現金の増加となる取引であり，**出金取引**とは，現金の減少となる取引であり，**振替取引**とは，現金の増減を伴わない取引である．現金収支の観点からの分類は，後述する伝票と密接な関係がある．すなわち，入金取引は入金伝票に起票され，出金取引は出金伝票に起票され，振替取引は振替伝票に起票されるのである．〔三伝票制〕

② 取引要素と結合関係

(a) 複式簿記の特徴（複式の意味）

複式簿記では，1つの取引が二面性（原因と結果）をもつという意味でも，また2つ以上の取引要素に分けられる点でも，さらには，借方・貸方別に分けられるという点でも，その特徴がみられる．

(b) 借方・貸方の意味

簿記では，左側のことを**借方**，右側のことを**貸方**という．中世イタリアで発生した複式簿記では，借方・貸方という表現それ自体に意味があった．しかし，今日では，単純に記号として理解しておくだけでよい．記号の意味は以下のと

おりである．
　　借方（Debtor；Dr）＝**左側の意**　　貸方（Creditor；Cr）＝**右側の意**
（c）取引の8要素
　上述のように，簿記では，企業等における1つの取引は2つ以上の取引要素〔資産・負債・純資産（資本）・費用及び収益〕に分けられる．この取引要素は，それぞれ借方要素と貸方要素で構成される．また，そこでの貸借の金額は，つねにその合計額が一致する．
　この取引要素は，一定の組み合わせによってその結合関係が示される．

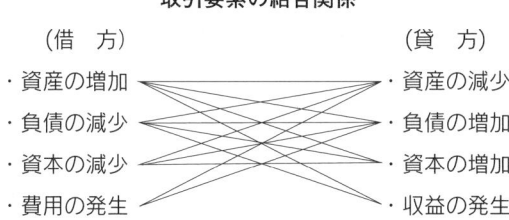

取引要素の結合関係

（借　方）　　　　　　　　　　　　（貸　方）
・資産の増加　　　　　　　　　　　・資産の減少
・負債の減少　　　　　　　　　　　・負債の増加
・資本の減少　　　　　　　　　　　・資本の増加
・費用の発生　　　　　　　　　　　・収益の発生

2．仕訳の意義

　簿記でいう**勘定**（Account；a/c）とは，取引要素の増減・発生を記録・計算するための区分単位であり，各要素の増減変化とその差額としての残高が示される．記録・計算の単位であるその勘定に付された名称を**勘定科目**という．また，勘定が設けられている元帳上の場所（ページ）は**勘定口座**とよばれる．
　簿記上の取引は，まず5つの基本要素に属する勘定科目別に分類され，次に貸借別に分けられる．その結果は，仕訳帳に記録される．こうした手続きを**仕訳**（しわけ）という．仕訳の目的は，直接，取引を勘定口座に記入すると，貸借間違いや記入洩れが生じるので，これを防ぐことである．簿記上の取引を仕訳した結果を記録する帳簿が**仕訳帳**である．

⑴　**仕訳の方法**
　1つの取引を例示することで，仕訳の方法を取り上げる．

〔例〕
 4月1日　現金¥100,000　を借り入れた．
　　　　現金（資産）の増加　←　取引の二面性　→　借入金（負債）の増加

　この取引では，現金という資産が増加するとともに，借入金という負債も増加している．資産の増加は借方で示され，負債の増加は貸方で表されるので，現金（資産）と借入金（負債）の増減変化は，略式で次のように示される．

【仕　訳】
　　4/1　（借方）　現　　金　100,000　　　（貸方）　借入金　100,000

(2)　仕訳帳の記入方法〔仕訳帳の具体的な記入例〕

鹿児島商店における 4 月中の取引は，次のとおりである．
　　4月1日　現金¥1,000,000を元入れし，営業を開始した．
　　　 6日　取引銀行より現金¥500,000を借り入れた．
　　　12日　商品¥600,000を仕入れ，代金のうち現金¥400,000を支払い，残額は掛けとした．
　　　18日　上記商品¥350,000を¥500,000で売り上げ，代金のうち現金¥300,000を受け取り，残額は掛けとした．
　　　21日　借入金¥500,000を利息¥50,000とともに現金で返済した．

仕　訳　帳　　　　　　　　　1

平成○年		摘　　　　要		元丁	借　方	貸　方
4	1	（現　　　　金）		1	1,000,000	
			（資　本　金）	18		1,000,000
		元入れして営業開始				
	6	（現　　　　金）		1	500,000	
			（借　入　金）	12		500,000
		取引銀行からの借入れ				
	12	（商　　品）　諸　　口		6	600,000	
			（現　　　　金）	1		400,000
			（買　掛　金）	11		200,000
		○○商店より商品の仕入れ				
	18	諸　　口　諸　　口				
		（現　　　　金）		1	300,000	
		（売　掛　金）		2	200,000	

		（商　　　　品）	6		350,000
		（商 品 売 買 益）	18		150,000
	○○商店に商品の売上げ				
21	諸　　　口　　（現　　　　金）	1		550,000	
	（借　入　金）		12	500,000	
	（支　払　利　息）		23	50,000	
	取引銀行に対する借入金の返済				

　仕訳帳には，企業のすべての取引がその発生順に記録されるので，歴史的記録としての意味をもつ．

　そうした仕訳帳に前頁の取引を記入する場合，以下の点に注意する．すなわち，**元丁欄**の元丁とは元帳の丁数（ページ数）であるので，そこには転記先である総勘定元帳の勘定科目の番号又は勘定口座のページ数を記入する．この場合，転記終了した後で元丁欄に記入することが重要である．また摘要欄には，借方の勘定科目を左側に，貸方の勘定科目を右側に記入するとともに，取引内容を簡単に説明する**小書き**を記入する．また，仕訳帳の右上の番号は勘定口座番号であり，仕訳帳の丁数（ページ数）を示している．

3．総勘定元帳への転記

　総勘定元帳（元帳）とは，勘定科目別の記録・計算を行うための帳簿である．簿記上の取引を仕訳帳に仕訳したのち，その記録結果を総勘定元帳の各勘定に移し替える手続きを**転記**という．

(1) **取引の流れ**

　　取　引　→（仕訳）→　仕　訳　帳　→（転記）→　総勘定元帳

(2) **勘定記入法**

（借）	資　　産	（貸）	（借）	負　　債	（貸）
（増　加）	（減　少）		（減　少）	（増　加）	
【残】				【残】	

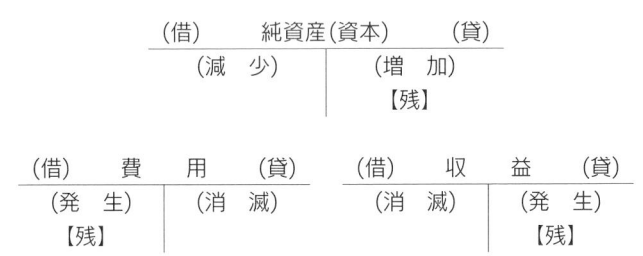

(3) 総勘定元帳への転記方法

総勘定元帳には，資産・負債・純資産（資本）・収益・費用の順に各勘定口座が開設されている．総勘定元帳には，**標準式**と**残高式**とがあり，P.22に例示した現金の借入取引を転記すれば，次のとおりである．

〔標準式〕　　　　　　　　　総　勘　定　元　帳

現　金　　　　　　　　　　　　　　　1

平成○年		摘　要	仕丁	借　方	平成○年		摘　要	仕丁	貸　方
4	1	借　入　金	1	100,000					

借　入　金　　　　　　　　　　　　　12

平成○年		摘　要	仕丁	借　方	平成○年		摘　要	仕丁	貸　方
					4	1	現　金	1	100,000

仕丁欄には，仕訳が記入されている仕訳帳のページ数を記入する．これは，仕訳帳と照合する必要が生じた時に利用するためである．また**摘要欄**には，仕訳する時の相手勘定科目を記入する．相手勘定科目が2つ以上ある時は，「**諸口**（しょくち）」を用いる．右上の番号は，勘定科目の番号又は勘定口座の頁数（ページ）である．

〔残高式〕　　　　　　　　　総　勘　定　元　帳

現　金　　　　　　　　　　　　　　　1

平成○年		摘　要	仕丁	借　方	貸　方	借／貸	残　高
4	1	借　入　金	1	100,000		借	100,000

		借　入　金					12
平成○年	摘　要	仕丁	借　方	貸　方	借／貸	残　高
4　1	現　　金	1		100,000	貸	100,000

　仕丁欄・摘要欄及び右上の番号については，標準式と同様に記入する．また，「借／貸」欄には，残高欄の金額が借方残である時は「借」と記入し，貸方残である時は「貸」と記入する．

〔略式Tフォーム勘定への転記方法〕

　上記の取引を総勘定元帳の各勘定〔標準式〕に記入した場合に，その内容を簡略化したTフォームを用いて簡単に示せば，次のとおりである．

〔例〕

　4月1日　現金￥100,000を借り入れた．

　4/1　（借方）　現　　　金　100,000　　（貸方）　借　入　金　100,000

　（借）　　現　　金　　（貸）　　　（借）　　借　入　金　　（貸）
　4/1 借入金 100,000　｜　　　　　　　　　　　｜　4/1 現　金 100,000

　仕訳を総勘定元帳に転記する場合には，**日付**，**金額**及び**相手勘定科目名**を記入しなければならない．また，相手勘定科目が2つ以上ある場合は，諸口を使用する．記入例を示せば，以下のとおりである．

〔取引例〕

　4月2日に原価￥50,000の商品を￥80,000で販売し，代金は掛けとした．

　4/2　（借方）　売　掛　金　80,000　　（貸方）　商　　　品　50,000
　　　　　　　　　　　　　　　　　　　　　　　　　商品売買益　30,000
　　　　　　　　　　　　　　　　　　　　（又は商品販売益・商品売上益）

　（借）　　売　掛　金　　（貸）　　　（借）　　商　　　品　　（貸）
　4/2 諸口 80,000　｜　　　　　　　　　　　　　｜　4/2 売掛金 50,000

　　　　　　　　　　（借）　　商品売買益　　（貸）
　　　　　　　　　　　　　　　　　｜　4/2 売掛金 30,000

(4) 貸借平均の原理

　1つの企業取引は，仕訳により借方・貸方別に同じ金額が記入される．この

借方・貸方の金額は，それぞれの勘定口座の借方・貸方に転記されるので，すべての勘定口座の借方金額の合計額と貸方金額の合計額とは，つねに一致することになる．これが**貸借平均の原理**である．

【練習問題 4】

次の取引を仕訳帳に仕訳し，総勘定元帳に転記しなさい．

5月1日　消耗品費¥1,000と通信費¥600を現金で支払った．
　6日　愛媛商店より商品¥3,000を仕入れ，代金のうち¥2,000は現金で支払い，残額は掛けとした．
　12日　中四国銀行に対する借入金の利息¥200を現金で支払った．
　18日　高知商店に商品¥3,000（原価¥2,000）を売り渡し，代金のうち¥2,500は現金で受け取り，残額は掛けとした．

仕　訳　帳　　　　　　　　　　1

平成○年	摘　　　要	元丁	借　方	貸　方
	前ページから		50,000	50,000

総勘定元帳

現　金　　1

平成○年		摘　要	仕丁	借　方	平成○年		摘　要	仕丁	貸　方
5	1	前月繰越		6,000					

売　掛　金　　2

平成○年		摘　要	仕丁	借　方	平成○年		摘　要	仕丁	貸　方
5	1	前月繰越		3,000					

商　品　　3

平成○年		摘　要	仕丁	借　方	平成○年		摘　要	仕丁	貸　方
5	1	前月繰越		2,000					

買　掛　金　　13

平成○年		摘　要	仕丁	借　方	平成○年		摘　要	仕丁	貸　方
					5	1	前月繰越		1,500

商品売買益　　21

平成○年	摘　要	仕丁	借　方	平成○年	摘　要	仕丁	貸　方

消耗品費　　31

平成○年	摘　要	仕丁	借　方	平成○年	摘　要	仕丁	貸　方

通　信　費　　33

平成○年	摘　要	仕丁	借　方	平成○年	摘　要	仕丁	貸　方

支　払　利　息　　42

平成○年	摘　要	仕丁	借　方	平成○年	摘　要	仕丁	貸　方

練習問題 5

次の取引について，簿記上の取引には○を，そうでなければ×を解答欄の（　　）に付けなさい．

(1) 商品￥100,000を掛けで仕入れた．……………………………………（　　）
(2) 商品を保管するために，倉庫を月額￥50,000で賃借りする契約を締結した．
　　（まだ借りていない）………………………………………………（　　）
(3) 建物￥2,000,000が火災で焼失した．………………………………（　　）
(4) 商品￥150,000を買いたいとの注文を受けた．
　　（まだ売り渡していない）…………………………………………（　　）
(5) 商品￥50,000が盗難にあった．……………………………………（　　）
(6) 現金￥10,000を紛失した．…………………………………………（　　）
(7) 給料￥120,000の雇用契約で従業員を雇い入れた．
　　（まだ働いていない）………………………………………………（　　）
(8) 備品￥100,000を購入し，代金は月末に支払うこととした．………（　　）

第4章　帳簿組織

1. 帳簿の種類

簿記の帳簿は，大きく分けて主要簿と補助簿とがある．

(1) 主要簿

　主要簿とは，それのみで期末の貸借対照表や損益計算書が作成されることから，複式簿記を支える重要な帳簿である．また，取引の基本要素の総括管理を目的としたものである．したがって，すべての簿記上の取引がこの主要簿に記帳される関係から，この主要簿に基づかなければ，簿記の目的である財政状態及び経営成績が表示できない．この主要簿には，これまでみてきたように，簿記上の取引が貸借別に記録される仕訳帳と，その仕訳結果が個々の勘定に転記される総勘定元帳とがある．

(2) 補助簿

　補助簿とは，主要簿の取引記入の補完的役割を果たすもので，財産等の個別管理を目的として，企業の業種や取引量に応じて設けられる帳簿である．また総勘定元帳との照合を行うことで，主要簿の記入の正確性を検証する機能を併せもつものである．この補助簿には，補助記入帳と補助元帳がある．

① 補助記入帳

　補助記入帳とは，特定の取引をその性質ごとに分類して記帳するもので，主要簿の1つである総勘定元帳の記録を補う帳簿である．具体的には，現金収支取引を記帳する現金出納帳・当座預金の増減取引を記帳する当座預金出納帳・

小口現金の増減取引を記帳する小口現金出納帳・商品の仕入れに関する取引を記帳する仕入帳・商品の売上取引を記帳する売上帳・受取手形の増減取引を記帳する受取手形記入帳・支払手形の増減取引を記帳する支払手形記入帳がある.

② 補助元帳

　補助元帳とは，総勘定元帳の特定勘定の記入内容を口座ごとに詳細に記録する役割を果たす帳簿である．具体的には，売掛金勘定の内訳明細を示す得意先元帳（売掛金元帳）・買掛金勘定の内訳明細を示す仕入先元帳（買掛金元帳）・商品勘定の内訳明細を示す商品有高帳・固定資産の各勘定の内訳明細を示す固定資産台帳・営業費の各勘定の内訳明細を示す営業費内訳帳がある．

2．帳簿組織

　帳簿組織とは，ある一定のつながりをもった各帳簿の体系である．最も基本的な帳簿組織は主要簿（仕訳帳と総勘定元帳）のみの体系であるが，多種多様で複雑化した企業活動を記録・計算するためには帳簿組織も複雑となり，そこでは補助簿（補助記入帳・補助元帳）が用いられている．帳簿組織は，企業の規模・業種などによってその違いがみられる．

　帳簿組織を体系的に図示すれば，以下のとおりとなる．

帳簿の分類と種類

帳簿	主要簿	仕訳帳	貸借対照表及び損益計算書を作成するための不可欠な基礎資料
		総勘定元帳	
	補助簿	補助元帳	売掛金元帳・買掛金元帳・商品有高帳・営業費内訳帳・固定資産台帳
		補助記入帳	現金出納帳・当座預金出納帳・小口現金出納帳・仕入帳・売上帳・受取手形記入帳・支払手形記入帳

　ただし，実務上では，簿記上の取引はすべて伝票に記入され，当該伝票から総勘定元帳へ転記される．その意味で，主要簿は複式簿記システムが成立するための不可欠の帳簿として存在するとはいえ，仕訳帳の意義が失われてきたし，コンピュータによる簿記処理で総勘定元帳さえも用いられなくなってきた．

第5章　決算と決算手続き

1. 決　算

　簿記では，日常的に行う基本要素の継続的記録・計算のほかに，毎事業年度末に期間損益を計算し，財政状態を明らかにしなければならない．そのためには，期末に帳簿を整理して締切りを行い，損益計算書と貸借対照表などを作成する一連の手続きを行う必要がある．この手続きを**決算**という．

〔決算の流れ〕

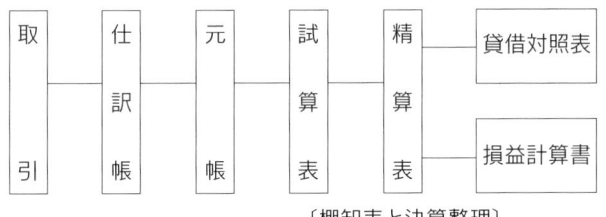

取引　—　仕訳帳　—　元帳　—　試算表　—　精算表　—　貸借対照表／損益計算書

〔棚卸表と決算整理〕

(1) 試算表（Trial Balance；T/B）

　試算表とは，総勘定元帳の各勘定の残高・合計を集計した一覧表である．この試算表は，転記が正しく行われているかどうかを検証するとともに，精算表の作成準備のための基礎資料として利用するために作成される．試算表には，各勘定の貸借差額を総括する残高試算表，各勘定の借方合計・貸方合計を総括する合計試算表，及びその双方を兼ね備えた合計残高試算表の3種類がある．

　残高試算表は，各勘定口座の借方残高と貸方残高を集計して1つの表にまとめたもので，財政状態や営業状態の概観を表示する機能をもっている．残高試

算表における借方残高の総計と貸方残高の総計は貸借平均の原理（貸借一致の原則）により必ず一致する．もし一致しなければ，帳簿記録に誤りがあることになる．また，ここでの残高は，期末時点での資産・負債及び純資産（資本）の状況と一定期間における損益の状況を一覧することができ，貸借対照表及び損益計算書を作成する時の基礎となる．したがって，残高試算表は決算の準備段階である精算表作成の基礎資料といえる．

合計試算表は，各勘定口座の借方合計と貸方合計を集計して1つの表にまとめたもので，取引量の概観を表示する機能をもっている．合計試算表における借方合計の総計と貸方合計の総計は貸借平均の原理により必ず一致するので，一致しなければ帳簿記録に誤りがあることになる．これにより，仕訳帳から元帳への転記ミスを発見できる．また，この合計額は，期中取引の終了した時点の仕訳帳の合計額と一致する．

合計残高試算表は，合計試算表と残高試算表を1つの表にまとめたもので，合計試算表と残高試算表における独自の機能を併せもっている．

(2) 合計残高試算表の作成方法

合計残高試算表の作成を部分的に例示すれば，次のとおりである．

〔合計残高試算表の作成例〕

```
              （借）  現    金  （貸）
借方残高       500,000       45,000
230,000       180,000       87,000
借方合計        40,000        6,000
720,000                    352,000    490,000    貸方合計
```

合計残高試算表

借　方		元丁	勘定科目	貸　方	
残　高	合　計			合　計	残　高
230,000	720,000	1	現　　金	490,000	
		2	売　掛　金		
		3	商　　品		

		9 雑 費		
7,500,000	15,900,000		15,900,000	7,500,000

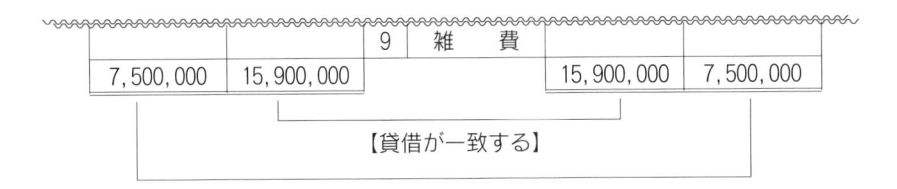

【貸借が一致する】

　簿記上の取引が仕訳帳に仕訳される場合，借方金額と貸方金額はそれぞれ合計額が一致するように記入されるので，この貸借平均の原理に従って帳簿記入されるならば，総勘定元帳の各勘定口座の借方合計と貸方合計は必ず一致する関係になる．したがって，合計残高試算表の借方合計の総計と貸方合計の総計は，必ず一致するとともに，借方残高の総計と貸方残高の総計も必ず一致する．

(3) 合計試算表・残高試算表及び合計残高試算表の作成

以下の総勘定元帳に基づいて，各種の試算表を作成してみよう．

〔各種試算表の作成例〕（決算日：平成○年12月31日）

現　　金　1		売　掛　金　2		商　　品　3	
90,000	80,000	100,000	120,000	100,000	60,000
110,000	30,000	150,000		150,000	100,000
120,000	50,000				
28,000	20,000	備　　品　4		建　　物　5	
	8,000	100,000		700,000	

買　掛　金　6		借　入　金　7		資　本　金　8	
80,000	150,000		100,000		1,000,000

商品売買益　9		受取家賃　10		給　　料　11	
	40,000		28,000	50,000	
	50,000				

水道光熱費　12		広　告　料　13		雑　　費　14	
20,000		30,000		8,000	

残高試算表
平成○年12月31日

借方	元丁	勘定科目	貸方
160,000	1	現　　金	
130,000	2	売　掛　金	
90,000	3	商　　品	
100,000	4	備　　品	
700,000	5	建　　物	
	6	買　掛　金	70,000
	7	借　入　金	100,000
	8	資　本　金	1,000,000
	9	商品売買益	90,000
	10	受取家賃	28,000
50,000	11	給　　料	
20,000	12	水道光熱費	
30,000	13	広　告　料	
8,000	14	雑　　費	
1,288,000			1,288,000

合計試算表
平成○年12月31日

借方	元丁	勘定科目	貸方
348,000	1	現　　金	188,000
250,000	2	売　掛　金	120,000
250,000	3	商　　品	160,000
100,000	4	備　　品	
700,000	5	建　　物	
80,000	6	買　掛　金	150,000
	7	借　入　金	100,000
	8	資　本　金	1,000,000
	9	商品売買益	90,000
	10	受取家賃	28,000
50,000	11	給　　料	
20,000	12	水道光熱費	
30,000	13	広　告　料	
8,000	14	雑　　費	
1,836,000			1,836,000

合計残高試算表
平成○年12月31日

借方		元丁	勘定科目	貸方	
残高	合計			合計	残高
160,000	348,000	1	現　　金	188,000	
130,000	250,000	2	売　掛　金	120,000	
90,000	250,000	3	商　　品	160,000	
100,000	100,000	4	備　　品		
700,000	700,000	5	建　　物		
	80,000	6	買　掛　金	150,000	70,000
		7	借　入　金	100,000	100,000
		8	資　本　金	1,000,000	1,000,000
		9	商品売買益	90,000	90,000
		10	受取家賃	28,000	28,000
50,000	50,000	11	給　　料		
20,000	20,000	12	水道光熱費		
30,000	30,000	13	広　告　料		
8,000	8,000	14	雑　　費		
1,288,000	1,836,000			1,836,000	1,288,000

① 残高試算表は，各勘定の借方残高と貸方残高を集計して作成する．
② 合計試算表は，各勘定の借方合計額と貸方合計額を集計して作成する．
③ 合計残高試算表は，合計試算表と残高試算表の内容を一覧表にして作成する．

以上のような試算表は，作成資料面からみた場合の分類である．しかし，作成時期の面からみた場合には，1カ月ごとに作成される**月次試算表**，決算時に作成される**決算試算表**（修正前試算表・修正後試算表）及び**繰越試算表**〔英米式決算法を採用した場合で資産・負債及び純資産（資本）の勘定を締め切る前に作成される試算表〕などがある．さらに，作成形式面からみた場合でも，1つの桁のみに記入する**単桁式試算表**と複数の桁に記入する**多桁式試算表**とがある．残高試算表・合計残高試算表は単桁式試算表であり，合計残高試算表は多桁式試算表である．

(4) 貸借不一致の原因とその発見方法

試算表が貸借平均の原理に基づいている以上，その借方合計と貸方合計は常に一致するはずである．もし，一致しない場合には，何らかの理由によるからであり，その原因を明らかにし，訂正しなければならない．

① 貸借不一致の原因

試算表の貸借が一致しない場合の原因には，次のようなことが考えられる．
 ・試算表の借方合計と貸方合計に集計ミスがあった場合
 ・各勘定の貸借合計又は残高の試算表への記入ミスがあった場合
 ・各勘定の貸借合計又は残高そのものに計算ミスがあった場合
 ・各勘定からの転記が正しく行われなかった場合

② 原因発見法

このような原因を発見するためには，まず貸借不一致である差額を9の数値で除する．整数であれば，転記の時に金額を逆に記入したか，金額の桁違いによる場合が多い．次に，貸借不一致である差額を2の数値で除する．整数となった場合でその整数が仕訳帳にあれば，転記の時に借方か貸方のいずれかの側に二重転記（片側二重転記）したことによる場合が多い．さらに，貸借不一致である差額が仕訳帳にある場合，その転記洩れによる場合が多い．

上記の調査で発見できない貸借不一致の金額がある場合には，試算表の作成過程を逆にたどる必要がある．この方法を逆算進行法という．すなわち，試算表自体の合計額を検算する──→試算表の金額と元帳の各勘定口座の金額とを照合する──→元帳の各勘定口座の金額を検算する──→元帳への記帳洩れの有無を確認する──→仕訳帳の仕訳自体を検証する方法である．

(5) 棚卸表と決算整理

棚卸表とは，事実確認目的で棚卸しの調査を行い，その結果を一覧表にしたものである (P.166参照)．帳簿上の残高と実際有高とは必ずしも一致するものではない．そこで，その食い違いを明らかにするために，この棚卸表が作成される．この棚卸表に基づいて，商品の帳簿残高と実際有高との食い違いなど記録修正することを**決算整理**という．この決算整理を行わなければ帳簿上の金額はいつまでも事実を示さないので，正しい財務諸表が作成できなくなる．ただし，この決算整理と棚卸表については，第Ⅲ部第2章「決算予備手続き」で詳述するので，ここでは省略する．

(6) 精算表 (Working Sheet；W/S)

精算表とは，残高試算表・損益計算書及び貸借対照表を一覧表にしたものである．精算表は，帳簿締切り前に決算手続きを帳簿から切り離して行い，純損益の概要を知る目的とともに，帳簿締切手続きを誤りなく行う補助資料として利用する目的で作成される．

精算表には，6桁精算表と8桁精算表などがある．しかし，一般的な8桁精算表は，決算整理事項を含むために第Ⅲ部第2章「決算予備手続き」で詳述することにし，ここでは決算整理事項を含まない単純な6桁精算表を取り扱うことにする．

6桁精算表の作成方法は，残高試算表の金額を基礎として，まず費用と収益を損益計算書欄に移記するとともに，資産・負債及び純資産（資本）を貸借対照表欄に移記する．次に，損益計算書欄と貸借対照表欄の貸借差額を当期純利益又は当期純損失として記入することで，それぞれの貸借を一致させる．その

場合,勘定科目欄及び損益計算書欄の当期純利益又は当期純損失は朱記する.

〔精算表の作成例〕
期末における総勘定元帳の各勘定残高は,以下のとおりである.これに基づいて,精算表を完成しなさい.

現　　　金	16,000	売　掛　金	7,000	商　　　品	8,000
備　　　品	12,000	車両運搬具	35,000	借　入　金	12,000
資　本　金	50,000	商品売買益	32,000	給　　　料	4,000
広　告　料	8,000	光　熱　費	3,000	支払利息	1,000

精　算　表

勘定科目	残高試算表		損益計算書		貸借対照表	
	借　方	貸　方	借　方	貸　方	借　方	貸　方
現　　　金	16,000	→	→	→	16,000	
売　掛　金	7,000	→	→	→	7,000	
商　　　品	8,000	→	→	→	8,000	
備　　　品	12,000	→	→	→	12,000	
車両運搬具	35,000	→	→	→	35,000	
借　入　金		12,000	→	→	→	12,000
資　本　金		50,000	→	→	→	50,000
商品売買益		32,000	→	32,000		
給　　　料	4,000	→	4,000			
広　告　料	8,000	→	8,000			
光　熱　費	3,000	→	3,000			
支払利息	1,000	→	1,000			
当期純利益			**16,000**			16,000
	94,000	94,000	32,000	32,000	78,000	78,000

2. 決算の手続き

(1) 英米式決算法

決算の手続きでは,ここで取り上げる**英米式決算法**と,第Ⅲ部第3章「決算本手続き〔Ⅰ〕(帳簿決算)」で取り扱う**大陸式決算法**とがある.英米式決算法では,精算表の作成に引き続いて行われる帳簿の締切りについて,以下の手順となる.

① 収益勘定・費用勘定の残高を損益勘定に振り替える．
② 損益勘定の当期純損益（当期純利益・当期純損失）を資本金勘定に振り替える．
③ 収益勘定・費用勘定及び損益勘定を締め切る．
④ 資産勘定・負債勘定及び純資産（資本）勘定を締め切り，繰越試算表を作成する．

帳簿の締切りにおいては，まず① 収益・費用勘定の残高を損益勘定（集合損益勘定ともいう）に振り替える．次に，② 損益勘定の当期純損益（当期純利益又は当期純損失）を資本金勘定に振り替える．そして，③ 収益・費用勘定及び損益勘定を締め切る．さらに④ 資産勘定・負債勘定及び純資産（資本）勘定を締め切るが，その場合に当該勘定で残高を繰り越す．その上で，資産・負債及び純資産（資本）の繰越記入が正しく行われているかどうかを検証するために，繰越試算表を作成する．ここに英米式決算法の特徴がみられる．

最終的には，この繰越試算表に基づいて貸借対照表が作成され，総勘定元帳の損益勘定に基づいて損益計算書が作成される．これも英米式決算法の特徴となる．さらに，次年度における開始仕訳にも英米式決算法の特徴がみられる．

(2) 総勘定元帳の締切り

① 収益勘定・費用勘定の残高を損益勘定に振り替える場合
 (a) 収益勘定の貸方残高を損益勘定の貸方に振り替えること

　貸方残高となっている収益の諸勘定は当該金額が損益勘定の貸方に振り替えられるので，収益勘定は借方で減額されて貸借が一致する．その結果，各収益勘定の残高はゼロとなり，当該勘定は締め切られる．上記のように，決算時において，ある勘定から他の勘定へ記入金額を移し替えることを**決算振替**といい，そのための仕訳を**決算振替仕訳**とよぶ．

〔収益勘定の振替え〕（決算振替仕訳）
　　（借方）　商品売買益　　50,000　　　（貸方）　損　　　益　　70,000
　　　　　　　受取手数料　　20,000

	商品売買益		9
12/31 損　益 50,000		×× ×	50,000

	受取手数料		10
12/31 損　益 20,000		×× ×	20,000

《注》　各収益勘定の残高は損益勘定の貸方に移動することで，各収益勘定から消滅する．次年度に向けて総勘定元帳の各収益勘定は，ゼロからの出発となる．

(b) 費用勘定の借方残高を損益勘定の借方に振り替えること

　借方残高となっている費用の諸勘定は，当該金額が損益勘定の借方に振り替えられるので，費用勘定は貸方で減額されて貸借が一致する．その結果，残高がゼロとなり，各費用勘定は締め切られる．

〔費用勘定の振替え〕（決算振替仕訳）
　（借方）損　　　益　　45,000　　（貸方）給　　　料　　23,000
　　　　　　　　　　　　　　　　　　　　　水道光熱費　　12,000
　　　　　　　　　　　　　　　　　　　　　保　険　料　　 8,000
　　　　　　　　　　　　　　　　　　　　　雑　　　費　　 2,000

	給　　料		11
×× × 23,000		12/31 損　益	23,000

	水道光熱費		12
×× × 12,000		12/31 損　益	12,000

	保　険　料		13
×× × 8,000		12/31 損　益	8,000

	雑　　費		14
×× × 2,000		12/31 損　益	2,000

　各費用勘定の残高は損益勘定の借方に移動することで，各費用勘定から消滅する．次年度に向けて総勘定元帳の各費用勘定は，ゼロからの出発となる．なお，損益勘定への転記については，会計慣習に従って，以下の勘定記入を行う．

		損	益			15
12/31	給　　料	23,000	12/31	商品売買益	50,000
〃	水道光熱費	12,000	〃	受取手数料	20,000
〃	保　険　料	8,000			
〃	雑　　費	2,000			

次に示した一括転記では，当期純損益の発生過程が損益勘定の上で把握できないからである．

		損	益			15
12/31	諸　　口	45,000	12/31	諸　　口	70,000

② 損益勘定残高（当期純利益又は当期純損失）を資本金勘定に振り替える場合

　収益・費用の諸勘定の金額は，決算振替仕訳によってそれぞれが損益勘定の借方・貸方に振り替えられる．したがって，損益勘定の残高が貸方残になれば「当期純利益」を示し，借方残であれば「当期純損失」を示すことになる．当期純利益は純財産（正味財産）の増加を意味するので，あらためて損益勘定から資本金勘定の貸方に振り替えることで純資産（資本）を増額させる．また当期純損失は純財産の減少を意味するので，それを損益勘定から資本金勘定の借方に振り替えることで純資産（資本）を減額させる．

〔損益勘定の振替え〕（決算振替仕訳）

（借方）損　　　益　25,000　　　（貸方）資　本　金　25,000

		損	益			15
12/31	給　　料	23,000	12/31	商品売買益	50,000
〃	水道光熱費	12,000	〃	受取手数料	20,000
〃	保　険　料	8,000			
〃	雑　　費	2,000			
〃	資　本　金	25,000			

　当期純利益は，損益勘定の貸方合計（¥70,000）から借方合計（¥45,000）を差し引いた差額（¥25,000）である．ここで注意することは，損益勘定は損益計算書でないので，損益勘定に¥25,000を記入する場合，相手勘定科目の**資本**

金を記入しなければならないことである〔当期純利益と記入しないこと〕．

資　本　金			8
	1／1	×××	500,000
	12/31	損　益	25,000

③ 収益勘定・費用勘定及び損益勘定を締め切る場合

　決算振替仕訳の結果を収益・費用の諸勘定に記入した後，それらの勘定を締め切る．帳簿を締切る場合，罫線は**朱記**すること．

(a) 収益勘定の締切り〔例：商品売買益勘定〕

商品売買益					9
12/31	×××	50,000	×××		50,000

　上記のように，借方及び貸方が1行の場合には合計する必要がないので，そのまま二重線を入れればよい．また，日付の下にも二重線を入れること．

(b) 費用勘定の締切り〔例：給料勘定〕

給　料					11
	×××	23,000	12/31	損　益	23,000

　借方及び貸方が1行であるので，商品売買益勘定と同様に，そのまま二重線を入れるだけでよい．

(c) 損益勘定の締切り

損　益					15
12/31	給　　料	23,000	12/31	商品売買益	50,000
〃	水道光熱費	12,000	〃	受取手数料	20,000
〃	保　険　料	8,000			
〃	雑　　費	2,000			
〃	資　本　金	25,000			
		70,000			70,000

　帳簿を締め切る場合，貸借の合計額は同じ行でなければならないので，余白

部分に斜線を入れて合計額を同じ行で一致させる．この損益勘定に基づいて損益計算書が作成される．

④ 資産・負債及び純資産（資本）勘定を締め切り，繰越試算表を作成する場合

資産の諸勘定は借方残高となるので，貸方に期末の日付で「**次期繰越**」と貸借差額を朱記することで，貸借を一致させていったん勘定を締め切る．その後，翌期首の日付で借方に「前期繰越」と貸借差額を記入する．

負債・純資産（資本）の諸勘定は貸方残高となるので，借方に期末の日付で「**次期繰越**」と貸借差額を朱記することで，貸借を一致させていったん勘定を締め切る．その後，翌期首の日付で貸方に「前期繰越」と貸借差額を記入する．この場合，資本金勘定は，損益勘定の結果（当期純損益）が振り替えられた後に，締め切らなければならない．いずれの場合でも帳簿を締め切る時は，**日付・次期繰越・金額**を朱記しなければならない．

(a) 資産勘定の締切り〔例：現金勘定〕

			現	金			1
	×××	500,000			×××		200,000
	×××	100,000			×××		350,000
				12/31	次期繰越		**50,000**
		600,000					600,000
1/1	前期繰越	50,000					

(b) 負債勘定の締切り〔例：借入金勘定〕

		借	入	金			7
	×××	20,000			×××		60,000
12/31	**次期繰越**	**40,000**					
		60,000					60,000
				1/1	前期繰越		40,000

(c) 純資産（資本）勘定の締切り〔例：資本金勘定〕

```
              資  本  金                      8
12/31  次期繰越  525,000 |         ×××    500,000
                        | 12/31   損  益    25,000
               525,000  |                 525,000
                        | 1/1     前期繰越  525,000
```

(d) 繰越試算表の作成

英米式決算法では，資産・負債及び純資産（資本）が各勘定でそのまま繰り越されるので，それぞれの勘定残高の正確性が確認できず，計算の誤りや記入洩れの発見ができない場合が生じる．そこで，繰越試算表を作成してその貸借が一致していることによって繰越記入が正しく行われているかどうかを確認する．その上で，この繰越試算表に基づいて，貸借対照表を作成する．

繰 越 試 算 表
平成○年12月31日

借　方	元丁	勘 定 科 目	貸　方
50,000	1	現　　　金	
40,000	2	売　掛　金	
60,000	3	商　　　品	
85,000	4	備　　　品	
400,000	5	建　　　物	
	6	買　掛　金	70,000
	7	借　入　金	40,000
	8	資　本　金	525,000
635,000			635,000

(3) 仕訳帳の締切り

仕訳帳では，決算振替仕訳を記入する前にいったん締め切る．というのも，合計試算表の合計額と一致するかどうかを検証しておく必要があるからである．その場合，期中取引の終了時点における仕訳帳の合計額は，合計試算表の借方総計及び貸方総計と一致する．合計残高試算表を作成した場合も同じである．

英米式決算法では，収益勘定及び費用勘定残高の損益勘定への振替分だけが

決算振替仕訳として記入される．この点が第Ⅲ部で示す大陸式決算法と異なるところである．

仕 訳 帳   12

平成○年		摘　要	元丁	借　方	貸　方
～	～	～	～	～	～
				×××	×××
		決算振替仕訳			
12	31	諸　口　　　（損　　　　益）	15		70,000
		（商品売買益）	9	50,000	
		（受取手数料）	10	20,000	
		収益の諸勘定の振替え			
	〃	（損　　益）　諸　口	15	45,000	
		（給　　料）	11		23,000
		（水道光熱費）	12		12,000
		（保　険　料）	13		8,000
		（雑　　費）	14		2,000
		費用の諸勘定の振替え			
	〃	（損　　益）	15	25,000	
		（資　本　金）	8		25,000
		損益勘定の振替え			
				140,000	140,000

(4) 貸借対照表・損益計算書の作成

① 貸借対照表の作成〔繰越試算表に基づく具体的作成例〕

　貸借対照表は，一会計期間の期末時点における企業の財政状態を明らかにするもので，繰越試算表に基づいて貸借対照表を作成される．この場合，「当期純利益」が生じた時は，期首資本金と区別して貸方に記載する．これは，資本金と当期純利益とを区別する方が明瞭表示の観点からのぞましいからである．また，「当期純損失」が生じた時は，借方に記載することになる．

繰越試算表			
平成○年12月31日現在			
借　方	元丁	勘定科目	貸　方
50,000	1	現　　金	
40,000	2	売掛金	
60,000	3	商　　品	
85,000	4	備　　品	
400,000	5	建　　物	
	6	買掛金	70,000
	7	借入金	40,000
	8	資本金	525,000
635,000			635,000

貸借対照表			
○○店　平成○年12月31日現在			
資　産	金　額	負債・純資産	金　額
現　　金	50,000	買掛金	70,000
売掛金	40,000	借入金	40,000
商　　品	60,000	資本金	500,000
備　　品	85,000	当期純利益	25,000
建　　物	400,000		
	635,000		635,000

② 損益計算書の作成〔損益勘定に基づく具体的作成例〕

　損益計算書は，一会計期間における企業の経営成績を明らかにするもので，損益勘定に基づいて作成される．期末決算時では，損益勘定の残高（差額）は決算振替仕訳によって資本金勘定に振り替えられるので，相手勘定科目は資本金と記入されている．これが損益計算書の作成過程で当期純利益として記載される．この場合，貸方差額が生じた時は借方に「**当期純利益**」として朱記する．また，借方差額が生じた時は貸方に「**当期純損失**」として朱記する．

　損益勘定は，以下のとおりである．

	損		益		15
12/31	給　　料	23,000	12/31	商品売買益	50,000
〃	水道光熱費	12,000	〃	受取手数料	20,000
〃	保　険　料	8,000			
〃	雑　　費	2,000			
〃	資　本　金	25,000			
		70,000			70,000

損益計算書は，以下のように作成される．

損益計算書
○○商店　平成○年1月1日から平成○年12月31日

費用	金額	収益	金額
給　料	23,000	商品売買益	50,000
水道光熱費	12,000	受取手数料	20,000
保　険　料	8,000		
雑　　費	2,000		
当期純利益	25,000		
	70,000		70,000

(5) 仕訳帳の開始記入

英米式決算法では，資産・負債・純資産（資本）の諸勘定残高は仕訳帳を経由しないで締め切って次期に繰り越される．そこで，次期における仕訳帳の合計額と期末合計試算表の合計額との不一致を防ぐために，開始仕訳に代わって仕訳帳の最初に繰越試算表の合計額を記入する．その場合，決算日の翌日（翌期首）の日付で前期繰越の記入を行う．

仕　訳　帳　　　　　　13

平成○年		摘要	元丁	借方	貸方
1	1	前期繰越高	✓	635,000	635,000

練習問題6

次の取引を仕訳した上で，総勘定元帳に転記し，試算表・精算表を完成しなさい．
1．現金￥500,000を元入れして，営業を開始した．
2．備品￥100,000を買い入れ，代金は現金で支払った．
3．商品￥200,000を仕入れ，代金は掛けとした．
4．商品￥200,000（原価￥150,000）を売り渡し，代金は掛けとした．
5．買掛金のうち，￥120,000を現金で支払った．
6．売掛金のうち，￥100,000を現金で受け取った．
7．給料￥20,000と雑費￥5,000を現金で支払った．

	借　方	金　　額	貸　方	金　　額
1				
2				
3				
4				
5				
6				
7				

総 勘 定 元 帳

現　金　　　1　　　　　　売　掛　金　　　2

　　　　　　　　　　　　　　　　　　　商　品　　　3

備　品　　　4　　　　　　買　掛　金　　　5

資　本　金　　6　　　　　商品売上益　　　7

給　料　　　8　　　　　　雑　費　　　　　9

合計残高試算表

借方		元丁	勘定科目	貸方	
残 高	合 計			合 計	残 高
		1	現　　　金		
		2	売　掛　金		
		3	商　　　品		
		4	備　　　品		
		5	買　掛　金		
		6	資　本　金		
		7	商品売上益		
		8	給　　　料		
		9	雑　　　費		

精　算　表

勘定科目	残高試算表		損益計算書		貸借対照表	
	借　方	貸　方	借　方	貸　方	借　方	貸　方
現　　　金						
売　掛　金						
商　　　品						
備　　　品						
買　掛　金						
資　本　金						
商品売上益						
給　　　料						
雑　　　費						
当期純（　　）						

第Ⅱ部　簿記の主要取引

第1章　現金・当座預金取引

1. 現金勘定〔資産〕

　簿記上で現金という場合には，まず，現在の経済社会において通用する貨幣（通貨）を挙げなければならない．貨幣には，交換手段（ないし決済手段），価値貯蔵手段及び価値測定尺度としての3つの機能がある．交換（決済）手段は，物と物との交換を媒介していることを意味するとともに，信用取引における支払いの決済として利用できることも意味する．価値貯蔵手段とは，貨幣を貯蓄することが将来に備えて価値を貯蔵していることを意味する．価値測定尺度とは，物の価値を測定する基準としての機能を有していることを意味する．

　貨幣を広義に取り扱う場合には，古い貨幣（古銭）も含まれる．古銭は保存状態などによって骨董品としての価値を有するものも存するが，現在のわが国通貨制度では支払手段（交換・決済手段）としての貨幣本来の機能を失っているので，簿記上では現金として取り扱われない．

　簿記上では，狭義の貨幣たる通貨を受け取った時に，**現金**勘定〔資産〕を設けてその借方に受取額を記入する．また通貨を支払った時には，現金勘定の貸方に支払額を記入する．しかし，簿記上で現金といえば，通貨のみを意味するものではない．通貨と同様の機能を有する通貨代用証券も，通貨の代わりに用いることができるために，通貨と区別することなく現金として取り扱われる．したがって，簿記上で現金勘定を用いて処理するものは，次のとおりである．

現金勘定	(1) 通　　貨	・紙幣及び硬貨
	(2) 通貨代用証券	・他人振出小切手 ・送金小切手 ・郵便為替証書 ・公社債満期利札 ・配当金領収書　　など

(1) 通　貨

　現金勘定で処理される通貨には，財務省印刷局が印刷して日本銀行が発行している日本銀行券である**紙幣**と，財務省造幣局が造り政府が発行している補助貨幣である**硬貨**があり，社会的に通用する国家の強制力を有している．こうした通貨の増減変化は，現金勘定で処理される．

(2) 通貨代用証券

　通貨代用証券とは，銀行や郵便局に持ち込めば即時に換金化でき，かつ通貨と同様に支払手段として用いることもできる証券である．企業の経営活動などで利用する場合に，通貨との違いは使用形式の違いであって本質的な違いではないために，簿記上では通貨と通貨代用証券の区別を設ける必要がない．したがって，通貨と同様に現金勘定で処理される．

① 他人振出小切手

　他人振出小切手とは，商品売買取引において取引相手から代金回収手段の1つとして受け取る通貨代用証券であり，取引相手が当座取引契約に基づいて無利息の預金を預けている取引銀行から当該預金（当座預金）を引き出すために用いる小切手（引出票）である．

〔取引例〕

　A商店は，B商店に原価¥35,000の商品を¥50,000で販売し，代金をB商店振出しの小切手で受け取った．

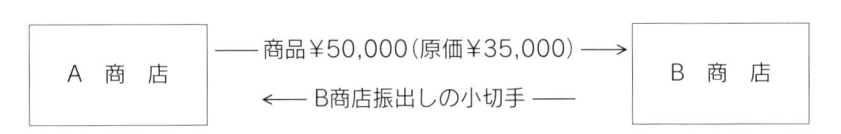

```
┌──────────┐  ── 商品¥50,000（原価¥35,000）──▶  ┌──────────┐
│  A 商 店  │                                      │  B 商 店  │
└──────────┘  ◀── B商店振出しの小切手 ──          └──────────┘
```

【A商店】（借方）現　　　　金　50,000　　（貸方）商　　　　品　35,000
　　　　　　　　　　　　　　　　　　　　　　　　商品売買益　15,000
【B商店】（借方）商　　　　品　50,000　　（貸方）当 座 預 金　50,000
《注》自己振出小切手は，当座預金勘定で処理すること．

② 送金小切手（銀行）

　送金小切手とは，送金依頼人が銀行に送金を依頼するために，送金額と送金手数料を支払うことで，銀行が振出人となる小切手である．これは，銀行を介入させて，遠隔地の取引先に商品代金等を送金する場合に用いられる．

〔取引例〕
　A商店は，B商店に原価￥35,000の商品を￥50,000で販売し，代金を送金小切手で受け取った．

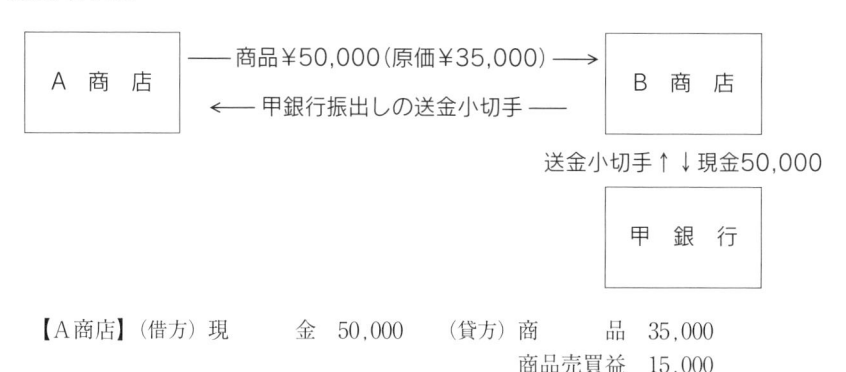

```
┌─────────┐  ── 商品￥50,000（原価￥35,000） ──▶  ┌─────────┐
│ A 商 店 │                                      │ B 商 店 │
└─────────┘  ◀── 甲銀行振出しの送金小切手 ──      └─────────┘
                                                 送金小切手↑↓現金50,000
                                                  ┌─────────┐
                                                  │ 甲 銀 行 │
                                                  └─────────┘
```

【A商店】（借方）現　　　　金　50,000　　（貸方）商　　　　品　35,000
　　　　　　　　　　　　　　　　　　　　　　　　商品売買益　15,000
【B商店】（借方）商　　　　品　50,000　　（貸方）現　　　　金　50,000

③ 郵便為替証書（郵便局）

　郵便為替証書とは，送金依頼人が郵便局に送金を依頼するために，送金額と送金手数料を支払うことで，郵便局に発行してもらう為替証書である．これは，銀行の代わりに郵便局を介入させることで，商品代金等を送金する場合に用いられる．

〔取引例〕
　A商店は，B商店に原価￥35,000の商品を￥50,000で販売し，代金を郵便為替証書で受け取った．

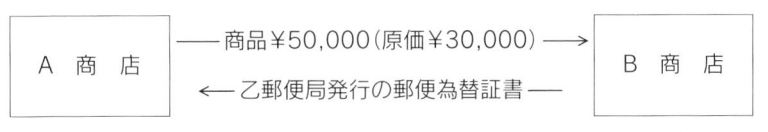

```
┌─────────┐ ── 商品¥50,000(原価¥30,000) ──→ ┌─────────┐
│ A 商 店 │                                    │ B 商 店 │
└─────────┘ ←── 乙郵便局発行の郵便為替証書 ── └─────────┘
                                                     郵便為替証書↑↓現金50,000
                                                    ┌─────────┐
                                                    │ 乙郵便局 │
                                                    └─────────┘
```

【A商店】（借方）現　　　　金　50,000　　（貸方）商　　　　品　35,000
　　　　　　　　　　　　　　　　　　　　　　　　商品売買益　15,000
【B商店】（借方）商　　　　品　50,000　　（貸方）現　　　　金　50,000

(3) 現金勘定の記入内容

　現金勘定の借方に記入する取引内容は，通貨の受入れや通貨代用証券（他人振出小切手・送金小切手・郵便為替証書等）の受取りなどである．また，当該勘定の貸方に記入する取引内容は，通貨の支払い・預入れや通貨代用証券の払出し・預入れなどである．

（借方）　　　　現　　金　　　　（貸方）	
通貨の受入れ	通貨の支払い
他人振出小切手の受取り	通貨代用証券の払出し
送金小切手の受取り	通貨の預入れ
郵便為替証書の受取り　等	通貨代用証券の預入れ　等

(4) 現金出納帳の作成

　現金の収入・支出に関する取引は頻繁に行われるため，財産管理の面からその取扱いに特別の配慮が必要である．そこで，① 現金収支の内訳明細を記録することで現金の紛失を防ぐため，② 支払手段としての現金手許有高を明確にするため，③ 総勘定元帳の現金勘定との一致を確認することで帳簿上の誤記ないし脱漏を防ぐためなどの理由から，**現金出納帳**という補助記入帳が作成・利用されている．

〔作成例〕
　清水商店の4月中の現金の増減取引は，次のとおりであった．よって，仕訳を示すとともに，現金出納帳に記入して締め切りなさい．

　4月1日　店主が現金￥1,000,000を元入れして，営業を開始した．
　　3日　横浜商店から商品￥300,000を仕入れ，代金は現金で支払った．
　　8日　水戸商店に商品￥450,000（原価￥300,000）を売上げ，代金は現金で受け取った．
　　12日　川崎商店から商品￥200,000を仕入れ，代金は現金で支払った．
　　16日　横浜商店に対する買掛金￥150,000を現金で支払った．
　　24日　茨城商店に商品￥300,000（原価￥200,000）を売上げ，代金は現金で受け取った．
　　28日　本月分の給料￥150,000を現金で支払った．

〔仕　訳〕
　4/ 1　（借方）現　　　　金　1,000,000　　（貸方）資　本　金　1,000,000
　　/ 3　（借方）商　　　　品　　300,000　　（貸方）現　　　　金　　300,000
　　/ 8　（借方）現　　　　金　　450,000　　（貸方）商　　　　品　　300,000
　　　　　　　　　　　　　　　　　　　　　　　　　商品売買益　　150,000
　　/12　（借方）商　　　　品　　200,000　　（貸方）現　　　　金　　200,000
　　/16　（借方）買　　掛　　金　　150,000　　（貸方）現　　　　金　　150,000
　　/24　（借方）現　　　　金　　300,000　　（貸方）商　　　　品　　200,000
　　　　　　　　　　　　　　　　　　　　　　　　　商品売買益　　100,000
　　/28　（借方）給　　　　料　　150,000　　（貸方）現　　　　金　　150,000

現金出納帳

日付		摘　　　　要	収　　入	支　　出	残　　高
4	1	元入れによる営業開始	1,000,000		1,000,000
	3	横浜商店からの仕入れ		300,000	700,000
	8	水戸商店への売上げ	450,000		1,150,000
	12	川崎商店からの仕入れ		200,000	950,000
	16	買掛金（横浜商店）の支払い		150,000	800,000
	24	茨城商店への売上げ	300,000		1,100,000
	28	本月分の給料支払い		150,000	950,000
	30	次月繰越		950,000	
			1,750,000	1,750,000	
5	1	前月繰越	950,000		950,000

2．現金過不足勘定

総勘定元帳の現金勘定ないし現金出納帳の帳簿残高と実際の現金有高（手許有高）とは，必ずしも一致するとは限らない．そのため，日々こうした帳簿残高と実際有高とを照合しなければならない．この照合により，一致しない事実が明らかとなった場合でその原因が判明していない時は，一時的に**現金過不足**勘定（未決算勘定の一種）を用いて処理することで，必ず帳簿残高と実際有高とを一致させる．後日，その原因が判明した時は，現金過不足勘定からその内容を示す正しい勘定に振り替える．なお，**未決算**勘定とは，何らかの事故や原因不明によって資産が喪失する場合に一時的に用いる仮勘定で，その内容が決定し次第，適当な勘定に振り替える必要がある．

(1) 帳簿残高 ＞ 実際有高のケース

現金の帳簿残高が実際有高よりも多い場合には，現金過不足勘定を設けてその借方にその差額を記入するとともに，現金勘定の貸方に当該差額を記入する．なお，期末においてもその原因が不明である場合には，現金過不足勘定から雑損勘定に振り替える．

〔取引例1〕
実際有高￥96,000・帳簿残高￥100,000であり，その原因が不明であった．
　（借方）現金過不足　4,000　　（貸方）現　　　金　4,000

〔取引例2〕
調査の結果，上記のうち￥3,000は，その原因が支払利息の計上洩れであると判明した．
　（借方）支 払 利 息　3,000　　（貸方）現金過不足　3,000

〔取引例3〕
期末時点で，なお￥1,000については原因不明のままであった．
　（借方）雑　　　　損　1,000　　（貸方）現金過不足　1,000

(2) 帳簿残高 ＜ 実際有高のケース

現金の帳簿残高が実際有高よりも少ない場合には，その差額を現金勘定の借

方に記入するとともに，現金過不足勘定の貸方に当該差額を記入する．なお，期末においても，その原因が不明である場合には，その現金過不足勘定から雑益勘定又は雑収入勘定に振り替える．

〔取引例1〕
　実際有高￥105,000・帳簿残高￥100,000であり，その原因が不明であった．
　　（借方）現　　　　金　5,000　　（貸方）現金過不足　5,000
〔取引例2〕
　調査の結果，上記のうち￥3,000は，その原因が受取手数料の計上洩れであると判明した．
　　（借方）現金過不足　3,000　　（貸方）受取手数料　3,000
〔取引例3〕
　期末においても，なお￥2,000については原因不明のままであった．
　　（借方）現金過不足　2,000　　（貸方）雑　　　　益　2,000
　　　　　　　　　　　　　　　　　　　　（又は雑収入）

3．当座預金勘定〔資産〕

　当座預金とは，取引銀行と当座取引契約を締結して，無利息の預金を預け入れたのち，小切手を振り出すことで随時支払手段として利用できる場合のその預金である．企業が利用する預貯金には，普通預金・通知預金・定期預金・納税準備預金・郵便貯金・郵便振替貯金などがある．**普通預金**とは，預入れ・引出しが自由な低利率の銀行預金である．**通知預金**とは引き出すために7日前に通知しておくことが必要な銀行預金である．**定期預金**とは，3カ月・6カ月・1年・2年などの一定期間は引き出せない約定で預けた銀行預金である．**納税準備預金**とは，納税用の資金を預け入れる預金であって，その利率は普通預金よりも高く，利息は非課税であるが，引出しが原則として納税に充てる場合に限られる．**郵便貯金**とは，預入れ・引出しが自由な低利率の郵便局（ゆうちょ銀行）に対する貯金である．**郵便振替貯金**とは，銀行との取引がない個人取引先からの代金収納事務を郵便局に代行させるために設けられた貯金である．この場合，原則として預貯金別に勘定口座を設けて処理するが，その種類や金額が僅少の場合には，一括して**銀行預金**勘定〔資産〕で処理することもある．ま

(1) 当座預金勘定で処理するものは，次のとおりである．

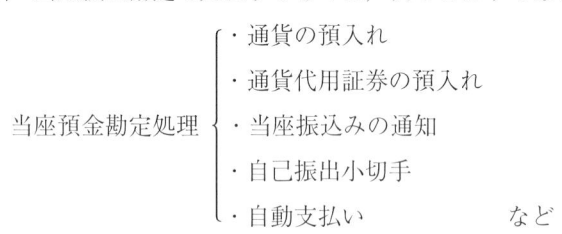

当座預金勘定処理 ｛
・通貨の預入れ
・通貨代用証券の預入れ
・当座振込みの通知
・自己振出小切手
・自動支払い　　　　　　　　など

ここでは，取引上頻繁に用いられる自己振出小切手についてのみ詳述する．

① 自己振出小切手

自己振出小切手とは，商品売買取引において取引相手に対する商品代金の支払手段の1つとして振り出す小切手であり，自らが当座取引契約に基づいて無利息で預けている取引銀行から当該預金（当座預金）を引き出すために用いる小切手である．

〔取引例〕

甲商店は，乙商店から原価¥35,000の商品を¥50,000で仕入れ，代金は小切手を振り出して支払った．

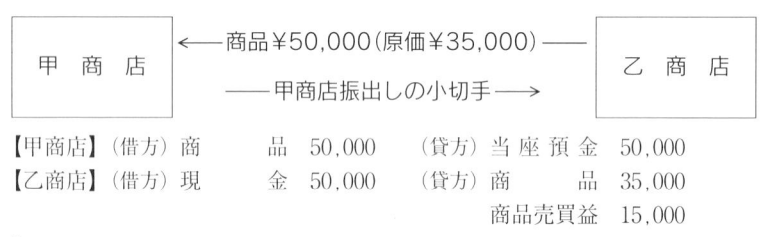

```
┌─────────┐ ←──商品¥50,000（原価¥35,000）── ┌─────────┐
│ 甲 商 店 │                                      │ 乙 商 店 │
└─────────┘ ──── 甲商店振出しの小切手 ───→ └─────────┘
```

【甲商店】（借方）商　　　品　50,000　（貸方）当　座　預　金　50,000
【乙商店】（借方）現　　　金　50,000　（貸方）商　　　　　品　35,000
　　　　　　　　　　　　　　　　　　　　　　　商 品 売 買 益　15,000

《注》他人振出小切手は，現金勘定で処理すること．

(2) 当座預金勘定の記入内容

当座預金勘定の借方に記入する取引内容には，通貨や通貨代用証券（他人振出小切手・送金小切手・郵便為替証書など）の当座預入れ，当座振込の通知，自己振出小切手の受入れなどがある．また，当該勘定の貸方に記入する取引内容には，小切手の振出しや当座預金口座からの自動支払（自動引落し）などがある．

(借方) 　　　　　　　当 座 預 金　　　　　　　(貸方)
・通貨の当座預入れ　　　　　　・小切手の振出し
・通貨代用証券の当座預入れ　　・自動支払い　等
・当座振込みの通知
・自己振出小切手の受入れ　等

(3) 当座預金出納帳の作成

　通常，当座預金勘定残高を超えて小切手を振り出せば不渡りとなり，銀行取引が停止され，当該企業は著しくその信用を失う．最悪の場合には倒産の危機を迎えることになる．不用意に不渡小切手を振り出さないように，当座預金の管理には特別の配慮を要する．そこで，①当座預金の内訳明細を記録し管理するため，②不渡り防止目的として当座預金勘定残高を明確にするため，③総勘定元帳の当座預金勘定との一致を確認することで，帳簿上の誤記・脱漏を防ぐためなどの理由から，**当座預金出納帳**という補助記入帳を用いることがある．

〔作成例〕

　清水商店の6月中の当座預金の増減取引は，次のとおりであった．よって，仕訳を示すとともに当座預金出納帳に記入して締め切りなさい．

　6月1日　5月からの繰越額が¥250,000であった．
　　4日　神奈川商店から商品¥200,000を仕入れ，代金は小切手（#24）を振り出して支払った．
　　9日　茨城商店に商品¥250,000（原価¥150,000）を売上げ，同店振出しの小切手で受け取り，ただちに当座預金とした．
　　13日　神奈川商店から商品¥250,000を仕入れ，代金は小切手（#25）を振り出して支払った．
　　18日　茨城商店に対する売掛金¥50,000の回収として現金を受け取り，ただちに当座預金とした．
　　24日　群馬商店に対する受取手形¥100,000の満期日となり，当座振込みがあった．
　　28日　本月分の給料¥150,000について小切手（#26）を振り出して支払った．

〔仕　訳〕

　6/1　（借方）当 座 預 金　250,000　　（貸方）現　　　　金　250,000
　/4　（借方）商　　　　品　200,000　　（貸方）当 座 預 金　200,000
　/9　（借方）当 座 預 金　250,000　　（貸方）商　　　　品　150,000

| | | | | 商品売買益 | 100,000 |
| | | | | | |

/13（借方）商　　　　品　250,000　（貸方）当 座 預 金　250,000
/18（借方）当 座 預 金　 50,000　（貸方）売　掛　金　 50,000
/24（借方）当 座 預 金　100,000　（貸方）受 取 手 形　100,000
/28（借方）給　　　　料　150,000　（貸方）当 座 預 金　150,000

当座預金出納帳

日付		摘　要	No.	預　入	引　出	借／貸	残　高
6	1	前月繰越		250,000		借	250,000
	4	神奈川商店から仕入れ	24		200,000	〃	50,000
	9	茨城商店へ売上げ		250,000		〃	300,000
	13	神奈川商店から仕入れ	25		250,000	〃	50,000
	18	売掛金の回収（茨城商店）		50,000		〃	100,000
	24	受取手形の回収（群馬商店）		100,000		〃	200,000
	28	本月分の給料支払い	26		150,000	〃	50,000
	30	次月繰越			50,000		
				650,000	650,000		
7	1	前月繰越		50,000			50,000

《注》　①　当座預金出納帳は，通常1カ月単位で締め切られる．
　　　②「借／貸」の欄では，残高が借方か貸方のいずれにあるのかを示すものである．
　　　③「借／貸」の欄で貸と表示したならば，次に示す当座借越を意味する．
　　　④　この当座預金出納帳は，銀行ごとに設定される．

4．当座借越勘定〔負債〕

　当座借越とは，取引銀行と当座借越契約を結び，当座預金勘定残高を超えて小切手を振り出す場合のその超過分であり，当該銀行からの借入れに相当する負債である．

(1) 当座借越契約

　当座借越契約とは，当座預金残高を超えて小切手を振り出しても，一定範囲（借越限度額）までは決済してもらえる銀行との契約である．その契約内容は，借越限度額・期間・利率などである．
①　二勘定処理法〔当座預金勘定・当座借越勘定併用方法〕
　　二勘定処理法とは，当座預金勘定〔資産〕・当座借越勘定〔負債〕の2つの勘

定を用いる方法である．具体的には，取引銀行との間で当座借越契約を締結して当座預金を預け入れた場合には，当座預金勘定を設けてその借方に預入金額を記入し，その後，当座預金勘定残高を超えた一定限度額の範囲内で小切手を振り出した場合に，当座預金勘定の貸方に当該残高を記入するとともに，当座借越勘定を設けてその貸方にその超過額を記入する方法である．

〔取引例１〕
銀行と¥300,000を限度とする当座借越契約を結ぶ．

仕　訳　不　要

《注》単なる契約だけでは，簿記上の取引とはならない．

〔取引例２〕
東京商店から商品¥200,000を仕入れ，小切手を振り出して支払う．（当座預金勘定残高¥150,000である．）

　　（借方）商　　　　品　200,000　　（貸方）当 座 預 金　150,000
　　　　　　　　　　　　　　　　　　　　　　当 座 借 越　　50,000

〔取引例３〕
大阪商店に商品¥80,000（原価¥60,000）を売り渡し，代金は同店振出しの小切手で受け取り，ただちに当座預金とする．（当座借越勘定残高¥50,000である．）

　　（借方）当 座 借 越　50,000　　（貸方）商　　　　品　60,000
　　　　　　当 座 預 金　30,000　　　　　　商品売買益　20,000

当　座　預　金				当　座　借　越			
×××	150,000	商　　品	150,000	諸　　口	50,000	商　　品	50,000
諸　　口	30,000						

② 単一勘定処理法〔**当座勘定**を用いる方法〕

単一勘定処理法は，当座預金勘定と当座借越勘定の代わりに当座勘定のみを用いる方法である．二勘定処理法では，当座預金・当座借越の増減変化に関わる取引のつど，当該勘定の残高を確認した上で記帳しなければならない．この事務処理上の煩雑さを避けるために，両勘定（当座預金・当座借越）の性質を併せもつ当座勘定のみで処理するのである．

なお，この当座勘定は，その借方残である場合には当座預金の現在有高を示し，その貸方残である場合には，当座借越の現在有高（負債）を示すことになる．したがって，当座勘定は資産ともいえず負債ともいえない統制勘定である．

〔取引例1〕
銀行と¥300,000を限度とする当座借越契約を結ぶ．
仕　訳　不　要

〔取引例2〕
東京商店から商品¥200,000を仕入れ，小切手を振り出して支払う．（当座勘定借方残高¥150,000である．）
　（借方）商　　　品　200,000　　（貸方）当　　　座　200,000

〔取引例3〕
大阪商店に商品¥80,000（原価¥60,000）を売り渡し，代金は同店振出しの小切手で受け取り，ただちに当座預金とする．
　（借方）当　　　座　 80,000　　（貸方）商　　　品　 60,000
　　　　　　　　　　　　　　　　　　　　商品売買益　 20,000

当　　座
×××　150,000	商　品　200,000
諸　口　 80,000	

5．小口現金勘定〔資産〕

小口現金とは，日常頻繁に生じる小口経費の支払いのために，会計係（経理担当）が用度係（小払係）に渡す現金である．企業は，金銭管理の軽減，現金の盗難・紛失等の回避のために，金銭や小切手などを受け取った時は，ただちに当座預金に預け入れ，少額の現金のみを企業内に保有して小口経費の支払いに充てる．そのための資金が小口現金であり，一般に定額資金前渡制（インプレスト・システム）が採用されている．そのため，会計係が用度係に前渡しする現金は，**小口現金勘定**（資産）を設けてその借方に記入される．小口現金そのものは，用度係が管理するための現金であるので，小口現金勘定を用いることで会計係が管理する通常の現金とは区別する（管理責任区分の明確性を重視した）内部処理である．外部者からみれば他の現金と区別する必要がないので，貸借対照表上では一括して現金（又は現金預金）として記載される．

（1）**定額資金前渡制**（インプレスト・システム）
　定額資金前渡制とは，会計係が一定額の資金を用度係に前渡しすることで一

定期間の支払いを行わせるとともに，定期的に支払内容を報告させ，資金の補給をする制度である．

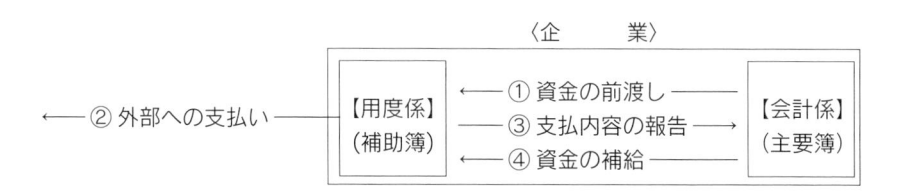

```
                              〈企    業〉
                        ┌─── ① 資金の前渡し ───┐
── ② 外部への支払い ──【用度係】  ③ 支払内容の報告  【会計係】
                     (補助簿) ←── ④ 資金の補給 ──(主要簿)
```

① 定額資金の前渡し

〔取引例〕
　7月1日　定額資金前渡制を採用し，小口資金として小切手¥80,000を振り出し，小払係に渡した．
　（借方）小 口 現 金　　80,000　　（貸方）当 座 預 金　　80,000

② 外部への支払い

〔取引例〕
　7月15日　小払係は，外部に対して，次の小口経費を支払った．
　　　　交　通　費　¥22,800　　　水道光熱費　¥34,500
　　　　通　信　費　¥16,200　　　雑　　　費　¥ 1,500
　　　　　　　　　　仕　訳　不　要
　《注》この時点では，会計係は小払係から報告を受けていない．したがって，仕訳することができない．

③ 支払内容の報告

〔取引例〕
　7月31日　7月中の支払いについて，小払係から会計係に上記の報告があった．
　（借方）交 通 費　　22,800　　（貸方）小 口 現 金　　75,000
　　　　　通 信 費　　16,200
　　　　　水道光熱費　34,500
　　　　　雑　　費　　 1,500

④ 資金の補給

〔取引例〕
　7月31日　ただちに，小切手を振り出して資金を補給した．
　（借方）小 口 現 金　　75,000　　（貸方）当 座 預 金　　75,000

③と④の簡便法

〔取引例〕
7月31日　小払係から7月中の支払いについて，上記の報告があった．ただちに，小切手を振り出して資金を補給した．
　　（借方）交　通　費　22,800　　　（貸方）当　座　預　金　75,000
　　　　　　通　信　費　16,200
　　　　　　水道光熱費　34,500
　　　　　　雑　　　費　 1,500

ただし，支払内容の報告時点と資金の補給時点が異なる場合には，異なる日付での処理となるために簡便法を用いることはできない．③と④を分けて処理する．

(2) 小口現金出納帳の作成

用度係には主要簿（仕訳帳等）がないため，小口現金の増減変化を仕訳して記帳することはできない．そこで，用度係が小口現金の管理を行うことを目的として，その受入れや支払いに関する明細を発生順に正しく記録する補助記入帳を作成する必要がある．これが**小口現金出納帳**である．

また，小口現金出納帳を作成する場合，資金の補給を月末に行うか月初めに行うかで記入の仕方が異なるので，注意しなければならない．

① 小口現金の補給を月末に行った場合

〔作成例〕
定額資金前渡制を採用している愛知商店の8月中の小口現金取引は，次のとおりであった．よって，小口現金出納帳に記入して締め切りなさい．なお，7月からの繰越分については，¥50,000であった．

　8月4日　バス回数券　¥ 8,000　　　 9日　郵便はがき　¥ 3,500
　　12日　ボールペン　¥ 4,200　　　18日　お　茶　代　¥ 5,000
　　21日　タクシー代　¥ 6,500　　　25日　電　話　代　¥ 9,600
　　28日　新　聞　代　¥ 7,080　　　31日　補　給（小切手受入れ）

小口現金出納帳

受　入	日付		摘　要	支　払	内　訳			
					交通費	通信費	消耗品費	雑　費
50,000	8	1	前月繰越					
		4	バス回数券	8,000	8,000			
		9	郵便はがき	3,500		3,500		
		12	ボールペン	4,200			4,200	
		18	お茶代	5,000				5,000
		21	タクシー代	6,500	6,500			
		25	電話代	9,600		9,600		
		28	新聞代	7,080				7,080
			合　計	43,880	14,500	13,100	4,200	12,080
43,880		31	本日補給					
	(	〃	次月繰越	50,000	)←朱記			
93,880				93,880				
50,000	9	1	前月繰越					

② 小口現金の補給を月初めに行った場合

〔作成例〕

　上記の愛知商店の事例で小口現金の補給を月初めに行った場合には，以下で示すとおり次期繰越分は6,120円である．

			合　計	43,880	14,500	13,100	4,200	12,080
	(	〃	次月繰越	6,120	)←朱記			
50,000				50,000				
6,120	9	1	前月繰越					
43,880		〃	本日補給					

6．銀行預金等の預入れと利息の受取り

　銀行（ゆうちょ銀行を含む）に預け入れた場合，利息を受け取ることがある．この利息には20％の所得税が課せられる．当該受取利息は**受取利息**勘定〔収益〕を設けてその貸方に記入するとともに，源泉徴収された所得税分は**租税公課**勘定〔費用〕を設けてその借方に記入する．

〔取引例1〕

平成00年4月1日に小切手¥1,000,000を振り出し，定期預金とした．ただし，期間は1年で年利率3％である．

（借方）定期預金　1,000,000　　（貸方）当座預金　1,000,000

〔取引例2〕

平成01年4月1日に，上記の定期預金が満期となり，利息（20％所得税控除後）とともに，新たな定期預金とした．

（借方）定期預金　1,024,000　　（貸方）定期預金　1,000,000
　　　　租税公課　　　6,000　　　　　　　受取利息　　 30,000

練習問題7

次の取引を仕訳しなさい．

1. 当社は当座取引契約を締結し，現金¥100,000を当座預金として預け入れた．
2. 当社はA社に商品（原価¥50,000）を¥80,000で販売し，代金は同社振出しの小切手で受け取った．
3. 当社はB社に商品（原価¥80,000）を¥120,000で販売し，代金を送金小切手で受け取った．
4. 当社はC社に商品（原価¥60,000）を¥90,000で販売し，代金を郵便為替証書で受け取った．
5-1. 期中において現金の実際有高¥97,000・帳簿残高¥100,000であり，その原因が不明であった．
5-2. 調査の結果，上記のうち¥2,000は，その原因が支払家賃の計上洩れであると判明した．
5-3. 期末においても，なお¥1,000についてはその原因が不明であった．
6-1. 期中において現金の実際有高¥106,000・帳簿残高¥100,000であり，その原因が不明であった．
6-2. 調査の結果，上記のうち¥4,000は，その原因が受取地代の計上洩れであると判明した．
6-3. 期末においても，なお¥2,000についてはその原因が不明であった．

練習問題8

補助簿を作成しなさい．

1. 次の資料に基づいて，現金出納帳を作成し，締め切りなさい．
   5月1日　4月からの繰越額が¥180,000であった．
    　8日　仕入先A商店から商品¥140,000を現金で仕入れた．
    　14日　得意先甲商店に対する売掛金¥350,000を現金で回収した．
    　18日　従業員の旅費交通費¥30,000を現金で支払った．
    　21日　水道光熱費¥20,000を現金で支払った．
    　25日　従業員に今月分の給料¥200,000を現金で支払った．
    　31日　接待用のお茶代¥10,000を購入し，現金で支払った．

現金出納帳

日付	摘要	収入	支出	残高
5				
6				

練習問題9

次の取引を仕訳しなさい．
1．A商店は，銀行と¥300,000を限度とする当座借越契約を締結した．
2．A商店は，乙商店から商品¥150,000を仕入れ，代金は小切手を振り出して支払った．
3．A商店は，乙商店から商品¥200,000を仕入れ，小切手を振り出して支払った．（当座預金勘定残高¥150,000であった．）
4．A商店は，丙商店に商品¥80,000（原価¥60,000）を売り渡し，代金は同店振出しの小切手で受け取り，ただちに当座預金とした．（A商店の当座借越勘定残高¥50,000であった．）
5．B商店は，銀行と¥300,000を限度とする当座借越契約を締結し，現金¥150,000を当座預入れとした．
6．B商店は，乙商店から商品¥200,000を仕入れ，小切手を振り出して支払った．（B商店の当座勘定残高¥150,000であった．単一勘定処理法）
7．B商店は，丙商店に商品¥150,000（原価¥120,000）を売り渡し，代金は同店振出しの小切手で受け取り，ただちに当座預入れとした．（単一勘定処理法）

練習問題10

補助簿を作成しなさい．
1．次の資料に基づいて，当座預金出納帳を作成し，締め切りなさい．
　5月1日　4月からの繰越額が¥200,000であった．
　　　8日　仕入先A商店から商品¥120,000を仕入れ，小切手（#21）を振り出して支払った．
　　　14日　得意先甲商店に対する売掛金¥320,000を現金で受け取り，直ちに当座預入れとした．
　　　18日　仕入先B商店に対する買掛金¥200,000について，小切手（#22）を振り出

68　第Ⅱ部　簿記の主要取引

　　　　　　して支払った．
　　21日　資金不足により取引銀行から¥100,000の融資を受けた．この資金は，直ちに当座預金口座に振り込まれた．
　　25日　仕入先A商店から商品¥150,000を仕入れ，小切手（#23）を振り出して支払った．

当座預金出納帳

日付	摘　　　　要	No.	預　入	引　出	借/貸	残　高
5						
6　1						

練習問題11

補助簿を作成しなさい．
　6月中の小口現金に関する取引は，次のとおりであった．よって，小口現金出納帳に記入して締め切りなさい．なお，5月からの繰越分については，¥30,000であった．

　　6月4日　帳簿代　　　　¥　4,600　　　9日　テレホンカード　¥　3,000
　　　12日　茶菓子代　　　¥　2,200　　　18日　バス回数券　　¥　5,000
　　　21日　電話代　　　　¥　7,800　　　25日　電報料　　　　¥　　500
　　　28日　接待用たばこ　¥　4,500　　　30日　補給（小切手受入れ）

小口現金出納帳

受　入	日付		摘　要	支　払	内　訳			
					交通費	通信費	消耗品費	雑　費
	6	1	前月繰越					
			合　計					
			本日補給					
			次月繰越					
	7	1	前月繰越					

第 2 章　商品売買取引

1．商品の売買

(1)　取得ルール（仕入諸掛の処理）

　資産を取得した時に生じる付随費用は，適正な期間損益計算を行うために，当該取得資産の購入価額（帳簿価額）に含めて処理しなければならない．例えば，商品の購入取引において支払われる引取運賃・関税・保険料等の諸費用は，仕入諸掛といわれ，商品（仕入）勘定で処理される．これらは，支出額すべてが支出した事業年度の費用になるとは限らないからであり，商品の販売高（ないし販売数量）に応じて費用化するための処理である．

〔取得ルール〕

$$\underset{\text{(帳簿価額)}}{\text{購入価額}} = \text{購入代価} + \text{付随費用} \begin{cases} \cdot \text{仕 入 諸 掛……商品（仕入）} \\ \cdot \text{支払手数料……有価証券} \\ \cdot \text{登　記　料……土地・建物} \\ \cdot \text{整　地　代……土地} \\ \cdot \text{据　付　費……備品} \end{cases}$$

　商品の仕入取引における買主負担の損害保険料は，上記のように，付随費用として商品の購入価額に算入される．しかし，商品の販売取引において支払われる売主負担の荷造費・発送運賃・保険料等は売上諸掛といわれ，発送費勘定や保険料勘定で処理される．これらは，販売のための諸費用であるから，販売した事業年度で費用化される．

　なお，保険料については，商品運送における売主負担の損害保険料や，建物の火災・商品の盗難などの災害に対する損害保険料が**保険料**勘定で処理される．

　また，健康保険・厚生年金保険といった社会保険のうち企業負担分について

は，**法定福利費**勘定〔費用〕を設けてその借方に記入する．同様に，雇用保険・労災保険といった労働保険のうち企業負担分についても，法定福利費勘定で処理する．従業員の職場環境改善のために企業が任意に支出する費用は，**福利厚生費**勘定〔費用〕を設けてその借方に記入し，法定福利費とは明確に区別する．

(2) 商品の記帳方法

商品を仕入れた時の記帳方法には，次の分記法・総記法・3分法がある．

① 分記法

分記法とは，商品を仕入れるつどその仕入原価を商品勘定〔資産〕の借方に記入し，また販売するつどその売上原価を商品勘定の貸方に記入した上で，売上高との差額を商品売買益勘定の貸方に記入する方法である．

〔取引例1〕
A商店は，商品￥430,000をB商店から仕入れ，代金は掛けとした．ただし，引取費用￥20,000は現金で支払った．

（借方）商　　　品　450,000　　（貸方）買　掛　金　430,000
　　　　　　　　　　　　　　　　　　　現　　　金　 20,000

〔取引例2〕
A商店は，上記の商品のうち￥400,000を甲商店に￥600,000で売り上げ，代金は掛けとした．ただし，発送運賃￥5,000は，現金で支払った．

（借方）売　掛　金　600,000　　（貸方）商　　　品　400,000
　　　　　　　　　　　　　　　　　　　商品売買益　200,000
（借方）発　送　費　　5,000　　（貸方）現　　　金　　5,000

《注》発送運賃は発送費勘定で処理すること！

商　　品		商品売買益
前期繰越 100,000	売 掛 金 400,000	売 掛 金 200,000
諸　口　450,000		

分記法では，販売のつど商品の仕入原価を把握していなければならないが，企業規模が増大して商品の種類や販売先ないし販売件数が増えると，その処理に煩雑さを伴うことになる．このための記帳方法として総記法がある．分記法は，少品種の商品を少量販売する業種に適している．例えば，宝石・時計商，自動車，機械など比較的高価で取扱数量の少ない業種である．

② 総記法

総記法とは，商品を仕入れるつどその仕入原価を商品勘定の借方に記入し，また販売するつどその売上高をそのまま商品勘定の貸方に記入する方法である．したがって，この方法では，商品売買益は計上されない．

〔取引例1〕
A商店は，商品¥430,000をB商店から仕入れ，代金は掛けとした．ただし，引取費用¥20,000は，現金で支払った．

（借方）商　　　品　450,000　　（貸方）買　掛　金　430,000
　　　　　　　　　　　　　　　　　　　現　　　金　 20,000

〔取引例2〕
A商店は，上記の商品のうち甲商店に¥600,000で売り上げ，代金は掛けとした．ただし，発送運賃¥5,000は現金で支払った．

（借方）売　掛　金　600,000　　（貸方）商　　　品　600,000
（借方）発　送　費　　5,000　　（貸方）現　　　金　　5,000

〔取引例3〕
期末において，商品の実地棚卸（¥150,000）を行い，これに基づいて商品売買益を計算した上で，損益勘定に振り替えた．（期首商品棚卸高は¥100,000であった．）

（借方）商　　　品　200,000　　（貸方）損　　　益　200,000

【計算式】売上原価　＝　期首商品棚卸高　＋　当期純仕入高　－　期末商品棚卸高
　　　　　¥400,000　　　¥100,000　　　　　¥450,000　　　　　¥150,000
　　　　　商品売買益　＝　売上高　－　売上原価
　　　　　（¥200,000）　（¥600,000）（¥400,000）

```
                    商      品
前期繰越    100,000      売 掛 金    600,000
諸   口     450,000     (次期繰越   150,000)
損   益     200,000
            750,000                  750,000
```

《注》混合勘定：左の商品勘定は商品という資産の増減と損益の発生が混合し記帳されているので，混合勘定とよばれている．

総記法は，販売時点で売上原価を把握する必要がないので，原価を調べなくても容易に仕訳できる点（メリット）がある．しかし，①商品勘定に商品〔資産〕の増減と商品売買益〔収益〕の発生が混在しているため，商品勘定の借方合計額・貸方合計額及び残高の意味がはっきりしない点，②商品の残高や商品売買益を直ちに計算できない点，③値引・返品などが生じた場合にその記入は複雑となる点もある．そこで，商品勘定の内容を取引要素別（資産・費用・

収益）に把握するために3つに分割する方法が考えられたのである．

③ 3分法（3分割法）

3分法（3分割法）とは，総記法の商品勘定を**繰越商品**勘定〔資産〕・**仕入**勘定〔費用〕・**売上**勘定〔収益〕の3つに分割する方法で，総記法の欠点を克服するものである．3分法では，商品を仕入れるつどその仕入原価を仕入勘定の借方に記入し，また販売するつどその売上高をそのまま売上勘定の貸方に記入した上で，期末において商品棚卸高（在庫）を仕入勘定から繰越商品勘定に振り替える方法である．

したがって，以下の点が3分法の長所として挙げられる．

・販売時点でそのつど仕入原価を把握しないで済むこと．
・期末において，商品売買取引の規模が明らかとなること．
・値引き・返品などが生じた場合に容易に処理できること．

〔取引例1〕

A商店は，商品¥430,000をB商店から仕入れ，代金は掛けとした．ただし，引取費用¥20,000は現金で支払った．

（借方）仕　　　入　450,000　　（貸方）買　掛　金　430,000
　　　　　　　　　　　　　　　　　　　　現　　　金　 20,000

〔取引例2〕

A商店は，上記の商品のうち¥400,000を甲商店に¥600,000で売り上げ，代金は掛けとした．ただし，発送運賃¥5,000は現金で支払った．

（借方）売　掛　金　600,000　　（貸方）売　　　上　600,000
（借方）発　送　費　 5,000　　（貸方）現　　　金　 5,000

〔取引例3〕

期末において，A商店の期末商品棚卸高は，¥150,000であった．ただし，期首商品棚卸高は¥100,000であった．

（借方）仕　　　入　100,000　　（貸方）繰 越 商 品　100,000
（借方）繰 越 商 品　150,000　　（貸方）仕　　　入　150,000

繰 越 商 品	
前 繰 100,000	仕 入 100,000
仕 入 150,000	

売　　上	
	売 掛 金 600,000

仕　　入	
諸　口 450,000	繰 商 150,000
繰 商 100,000	

3分法は，販売のつど商品売買益を直接に把握しないので，多品種の商品を大量に販売する業種に適した方法である．逆に，期末の商品在庫によって一事業年度における商品売買益総額（売上総利益）を間接的に把握している．また，営業取引の規模（一事業年度に原価いくらの商品をいくらで販売し，いくら売上総利益が生じたのか）が帳簿上で把握できる点も特徴の１つである．

(3) 値引き

　値引きには，取引先の立場から２種類に分けられる．すなわち，買主側からみれば仕入値引で，売主側からみれば売上値引である．

　仕入値引とは，商品売買取引において仕入れた商品に汚損・破損・品質不良等があった場合に，買主が売主から受ける仕入商品の値引きである．商品売買取引は一般に信用取引（掛け取引）であるため，値引きを受けた時は，買掛金勘定の借方に値引額を記入するとともに，仕入勘定の貸方に当該金額を記入する．これによって，汚損などを理由とした値引分を正常商品の仕入原価から控除できる．

　売上値引とは，上記のことを売主の側からみた場合の売上商品の値引きをいう．したがって，値引きを行った時は，売上勘定の借方に値引額を記入するとともに，信用取引である場合には，売掛金勘定の貸方に当該金額を記入する．これによって，汚損などを理由とした値引分を正常商品の売上収益から控除できる．

〔取引例〕
　A商店は，B商店から掛けで仕入れた商品の一部に品質不良があり，¥3,000の値引きを受けた．
　【A商店】(借方) 買　掛　金　3,000　　(貸方) 仕　　　　入　3,000
　【B商店】(借方) 売　　　　上　3,000　　(貸方) 売　掛　金　3,000

(4) 返　品

　返品は，取引先の立場から次の２種類に分けられる．すなわち，買主側の仕入戻しと売主側の売上戻りである．

仕入戻しとは，商品売買取引において，仕入れた商品に注文違い・欠陥等があった場合に，買主が売主に行う当該商品の返品である．これは，仕入取引そのものの取消しを意味している．商品売買取引は，一般に信用取引（掛け取引）であるため，返品を行った時は，買掛金勘定の借方に返品額を記入するとともに，仕入勘定の貸方に当該金額を記入する．

売上戻りとは，上記のことを売主の側からみた場合の売上商品の返品をいう．これは，売上取引そのものの取消しを意味している．したがって，返品を受けた時は，売上勘定の借方に値引額を記入するとともに，信用取引である場合には，売掛金勘定の貸方に当該金額を記入する．

〔取引例〕
　A商店は，B商店に掛けで売り渡した商品のうち¥4,800が，品違いのため返品された．
　【A商店】（借方）売　　　上　4,800　　（貸方）売　掛　金　4,800
　【B商店】（借方）買　掛　金　4,800　　（貸方）仕　　　入　4,800

(5) 先方負担の立替払い

　商品売買取引における発送運賃は，通常，購入者負担の場合が多い．商品の発送運賃が先方負担（購入者負担）である場合で，かつ売主が立替払いをした時は，売掛金勘定に含めて処理をするか，あるいは立替金勘定〔資産〕で処理をする．発送費勘定〔費用〕で処理すれば，その分が売主の費用として計上されることになるので，誤った処理になる．

〔取引例〕
　A商店に商品¥65,000を売り渡し，代金は掛けとした．なお，発送運賃¥2,000は先方負担であるが，現金で立替払いした．
　【厳密な方法】（借方）売　掛　金　65,000　　（貸方）売　　　上　65,000
　　　　　　　（借方）立　替　金　 2,000　　（貸方）現　　　金　 2,000

　【簡　便　法】（借方）売　掛　金　67,000　　（貸方）売　　　上　65,000
　　　　　　　　　　　　　　　　　　　　　　　　　　現　　　金　 2,000

《注》日商簿記検定3級では，簡便法が出題されている．

2. 仕入及び売上の割引と割戻し

(1) 仕入割引と売上割引

　仕入代金の支払いにおいて買主が契約上の支払期日より早く一定期日以内に売主に支払った場合に，契約価額より差し引かれることがある．これを買主からみれば，仕入割引であり，売主からみれば売上割引と呼ばれる．この割引は主たる営業活動において生じるが，営業成績そのものに依存するというよりは企業の保有資金量に依存するために，この性質は，財政金融上の取引であらわれる利息の一種（利息の払戻し）とみることができる．つまり，仕入割引は余剰資金の運用収益たる受取利息に類似する．したがって，買主は**仕入割引**勘定〔営業外収益〕を設けてその貸方に利息相当分を記入する．一方，売上割引は代金の早期回収費用であり，資金調達コストたる支払利息に類似する．売主は**売上割引**勘定〔営業外費用〕を設けてその借方に利息相当分を記入する．

〔取引例〕
　当店は，A商店へ買掛金¥200,000を期日前に2％の割引を受けて，現金で支払った．

　【当　店】(借方) 買　掛　金　200,000　　(貸方) 現　　　金　196,000
　　　　　　　　　　　　　　　　　　　　　　　　　仕 入 割 引　　4,000
　　　　　　　　　　　　　　　　　　　　　↓
　　　　　　　　　　　　　　　　　　（実際の支払日から契約上の支払日までの利息分）

　【A　店】(借方) 現　　　金　200,000　　(貸方) 売　掛　金　200,000
　　　　　　　　　売 上 割 引　　4,000
　　　　　　　　　↓
　（実際の受取日から契約上の受取日までの利息分）

(2) 仕入割戻と売上割戻

　商品売買取引において，一定期間中に一定金額又は一定数量以上の商品を仕入れた場合，商品代金の一部を免除することがある．これを買主からみれば，仕入割戻であり，売主からみれば売上割戻と呼ばれる．この性質は，リベートとみることができ，仕入高の控除項目であって仕入値引に類似する．したがっ

て，買主は**仕入割戻**勘定〔営業外収益〕を設けてその貸方に減免額を記入する．一方，売上割戻は売上高の控除項目であって売上値引に類似する．売主は**売上割戻**勘定〔営業外費用〕を設けてその借方に減免額を記入する．

〔取引例〕
　当店は，A店があらかじめ定めた金額以上の商品購入を行ったために，売掛金¥1,000,000に対して2％の支払免除をし，残額は現金で受け取った．
　　【当　店】(借方) 現　　　　金　　980,000　　(貸方) 売　掛　金　1,000,000
　　　　　　　　　　 売 上 割 戻　　 20,000
　　【A　店】(借方) 買　掛　金　1,000,000　　(貸方) 現　　　　金　　980,000
　　　　　　　　　　　　　　　　　　　　　　　　　 仕 入 割 戻　　 20,000
《注》① 売上割戻勘定を用いないで売上勘定から直接減額させる簡便法もある．(売上値引に準じた方法)
　　【当　店】(借方) 現　　　　金　　980,000　　(貸方) 売　掛　金　1,000,000
　　　　　　　　　　 売　　　　上　　 20,000
《注》② 仕入割戻勘定を用いないで仕入勘定から直接減額させる簡便法もある．(仕入値引に準じた方法)
　　【A　店】(借方) 買　掛　金　1,000,000　　(貸方) 現　　　　金　　980,000
　　　　　　　　　　　　　　　　　　　　　　　　　 仕　　　　入　　 20,000

3．仕入帳・売上帳（補助記入帳）の作成

(1) 仕入帳

　総勘定元帳の仕入勘定では，商品名・数量・仕入単価・仕入先商店名及び代金支払方法などが不明確である．そこで，仕入内容に関する明細を明らかにする補助記入帳が必要とされる．この補助簿が**仕入帳**である．この仕入帳の作成において，通常値引きや返品は赤で記入することで，総仕入高の記帳と区別される．また，その締切りは1カ月単位で行われる．

〔取引例〕
　次の取引を仕入帳に記入して，締め切りなさい．
　7月1日　京都商店から次のとおり仕入れ，代金は掛けとした．
　　　　　　　A商品　　200個　　@¥500　　¥100,000
　　　　　　　B商品　　350個　　@¥600　　¥210,000
　　　8日　京都商店から仕入れたA商品のうち，10個を品質不良のために，返品した．また，代金は買掛金から差し引くことにした．
　　　15日　名古屋商店から次のとおり仕入れ，代金のうち¥100,000は小切手を振

り出し，残りは掛けとした．なお，引取運賃￥3,000は現金で支払った．
　　A商品　　150個　　＠￥510　　￥ 76,500
　　C商品　　400個　　＠￥350　　￥140,000
21日　静岡商店から次のとおり仕入れ，代金は現金で支払った．
　　B商品　　300個　　＠￥550　　￥165,000

仕　入　帳

日付		摘　要　欄		内　訳	金　額
7	1	京都商店	掛		
		A商品　200個　＠￥500		100,000	
		B商品　350個　＠￥600		210,000	310,000
	8	京都商店	掛返品		
		A商品　10個　＠￥500			5,000
	15	名古屋商店	諸口		
		A商品　150個　＠￥510		76,500	
		C商品　400個　＠￥350		140,000	
		引取運賃の現金払い		3,000	219,500
	21	静岡商店	現金		
		B商品　300個　＠￥550			165,000
	31	総 仕 入 高			694,500
	〃	仕 入 戻 し 高			5,000
		純 仕 入 高			689,500

〔摘要欄の記入方法〕
　返品のみであった場合，値引きのみであった場合，値引きと返品があった場合では，仕入帳の摘要欄に記入する方法が異なる．

　　　　返品のみの場合　　　値引のみの場合　　　両方の場合
　　　　（総 仕 入 高）　　　（総 仕 入 高）　　　（総 仕 入 高）
　　　　（仕入戻し高）　　　（仕入値引高）　　　（値引返品高）
　　　　（純 仕 入 高）　　　（純 仕 入 高）　　　（純 仕 入 高）

《注》仕入帳の総仕入高は，総勘定元帳の仕入勘定の借方合計と一致する．また仕入帳の純仕入高は，総勘定元帳の仕入勘定の借方残高と一致する．

(2)　売上帳の作成

　総勘定元帳の売上勘定では，商品名・数量・売上単価・得意先商店名及び代金回収方法などが不明確である．そこで，売上内容に関する明細を明らかにする補助記入帳が必要とされる．この補助簿が**売上帳**である．この売上帳の作成

において，通常値引きや返品は仕入帳と同様に赤で記入することで，総売上高の記帳と区別される．また，その締切りは1カ月単位で行われる．

〔作成例〕
次の取引を売上帳に記入して，締め切りなさい．

7月1日　盛岡商店へ次のとおり売上げ，代金は掛けとした．
　　　　　A商品　　90個　　@¥1,000　　¥90,000
　　　　　B商品　　20箱　　@¥3,000　　¥60,000

8日　盛岡商店へ売上げたA商品のうち，10個が品質不良のため¥3,000の値引きをした．〔1個当たり¥300の値引き〕

15日　仙台商店へ次のとおり売上げ，代金のうち¥80,000は同店振出しの小切手で受け取り，残りは掛けとした．
　　　　　A商品　　100個　　@¥1,050　　¥105,000
　　　　　C商品　　400本　　@¥　200　　¥80,000

21日　宮城商店へ次のとおり売上げ，代金は現金で受け取った．
　　　　　B商品　　30箱　　@¥3,100　　¥93,000

売　上　帳

日	付	摘　　要　　欄		内　訳	金　額
7	1	盛岡商店	掛		
		A商品　90個　@¥1,000		90,000	
		B商品　20箱　@¥3,000		60,000	150,000
	8	**盛岡商店**	**掛値引**		
		A商品　10個　@¥300			**3,000**
	15	仙台商店	諸口		
		A商品　100個　@¥1,050		105,000	
		C商品　400本　@¥　200		80,000	185,000
	21	宮城商店	現金		
		B商品　30箱　@¥3,100			93,000
	31	総　売　上　高			428,000
	〃	売　上　値　引　高			3,000
		純　売　上　高			425,000

〔摘要欄の記入方法〕

返品のみの場合　　　　値引きのみの場合　　　両方の場合
（総売上高）　　　　　（総売上高）　　　　　（総売上高）
（売上戻り高）　　　　（売上値引高）　　　　（値引返品高）
（純売上高）　　　　　（純売上高）　　　　　（純売上高）

《注》売上帳の総売上高は，総勘定元帳の売上勘定の貸方総計と一致する．また売上帳の純売上高は，総勘定元帳の売上勘定の貸方残高と一致する．

4．商品有高帳の作成

　総勘定元帳の仕入勘定では，商品の種類ごとの受入れや払出しの数量・金額及び現在有高に関する数量や金額が不明確である．そこで，商品の種類ごとに口座を設けて，その受払いの数量・金額及び現在有高の数量・金額を記入する補助元帳が必要とされる．このように，商品の種類別に**在庫管理**を行うために用いられる補助簿が**商品有高帳**である．また商品有高帳は，通常1カ月単位で締め切られ，商品の受入れや払出しの記帳は，原価で行われる．商品有高帳を作成するにあたっては，同一種類の商品を異なる仕入原価（単価）で取得した場合，その記帳は払出単価の決定方法によって異なる．払出単価の決定方法には，個別法・総平均法・移動平均法・先入先出法・後入先出法などがある．

　個別法とは，取り扱う商品の種類が少なく，商品を個別に受入れや払出しの数量・金額を把握できる場合にも用いる方法である．

　また，**総平均法**とは，期首の商品総額と当期の仕入総額の合計額を期首の商品数量と当期の仕入数量の合計数量で除して払出単価を決定する方法である．

　ここでは，同一種類の商品の売買取引を通じて(1)移動平均法・(2)先入先出法による違い（月末在庫品及び売上原価の差異）を，商品有高帳を作成しながら取り上げることにする．

(1) 移動平均法（加重平均法）

　移動平均法とは，異なる単価で商品を仕入れるつど，その時点での商品総額（残高欄の金額と受入欄の金額との合計金額）を商品数量（残高欄の商品数量と受入欄の商品数量との合計数量）で除して平均した単価をもって，次の払出時点での払出単価とする方法である．例えば，ガソリンスタンドでは，仕入原価の異なるガソリンをタンクに入れると，単価の異なるガソリンを区別することはできないので，そのつど平均単価が算出される．したがって，移動平均法が採用される．

〔作成例〕
次のA商品の資料に基づいて，移動平均法による商品有高帳を作成しなさい．

7月1日	前月繰越	50個	@¥600	¥30,000
8日	仕　入	200個	@¥700	¥140,000
15日	売　上	150個	@¥1,000	¥150,000
18日	仕　入	100個	@¥800	¥80,000
22日	売　上	150個	@¥1,200	¥180,000
25日	仕　入	50個	@¥900	¥45,000
30日	売　上	70個	@¥1,350	¥94,500

〔移動平均法〕　　　　　　商 品 有 高 帳

平成 ○年		摘　要	受　入			払　出			残　高		
			数量	単価	金額	数量	単価	金額	数量	単価	金額
7	1	前月繰越	50	600	30,000				50	600	30,000
	8	仕　入	200	700	140,000				250	680	170,000
	15	売　上				150	680	102,000	100	680	68,000
	18	仕　入	100	800	80,000				200	740	148,000
	22	売　上				150	740	111,000	50	740	37,000
	25	仕　入	50	900	45,000				100	820	82,000
	30	売　上				70	820	57,400	30	820	24,600
	31	次月繰越				30	820	24,600			
			400		295,000	400		295,000			
8	1	前月繰越	30	820	24,600				30	820	24,600

【移動平均法】
売　上　高＝15日分（¥150,000）＋22日分（¥180,000）＋30日分（¥94,500）
売上原価＝前月繰越（¥30,000）＋当月仕入（¥265,000）－次月繰越（¥24,600）
売上総利益＝売上高（¥424,500）－売上原価（¥270,400）

払出単価の計算方法	売　上　高	売上原価	売上総利益
移動平均法	¥424,500	¥270,400	¥154,100

《注》商品有高帳には，必ず原価で記入すること！

(2) 先入先出法

先入先出法とは，先に仕入れた商品から順に払出していくという仮定に基づいて，払出商品の単価を決定する方法である．例えば，生鮮食品店では当日仕入れた商品よりも前日の売れ残り品から先に販売しようとしているので，この

先入先出法が適する．その場合，単価の異なる商品を払い出す時は，その記帳は2行以上にわたって記入することになる．

〔作成例〕

次の資料に基づいて，先入先出法による商品有高帳を作成しなさい．

7月1日	前月繰越	50個	@¥600	¥ 30,000
8日	仕　　入	200個	@¥700	¥140,000
15日	売　　上	150個	@¥1,000	¥150,000
18日	仕　　入	100個	@¥800	¥ 80,000
22日	売　　上	150個	@¥1,200	¥180,000
25日	仕　　入	50個	@¥900	¥ 45,000
30日	売　　上	70個	@¥1,350	¥ 94,500

〔先入先出法〕　　　　商　品　有　高　帳

平成○年		摘要	受入			払出			残高		
			数量	単価	金額	数量	単価	金額	数量	単価	金額
7	1	前月繰越	50	600	30,000				{ 50	600	30,000
	8	仕　入	200	700	140,000				{ 200	700	140,000
	15	売　上				{ 50	600	30,000			
						{ 100	700	70,000	{ 100	700	70,000
	18	仕　入	100	800	80,000				{ 100	800	80,000
	22	売　上				{ 100	700	70,000			
						{ 50	800	40,000	{ 50	800	40,000
	25	仕　入	50	900	45,000				{ 50	900	45,000
	30	売　上				{ 50	800	40,000			
						{ 20	900	18,000	30	900	27,000
	31	次月繰越				30	900	27,000			
			400		295,000	400		295,000			
8	1	前月繰越	30	900	27,000				30	900	27,000

《注》{（かっこくくり）を付け忘れないこと！

【先入先出法】

売　上　高＝15日分（¥150,000）＋22日分（¥180,000）＋30日分（¥94,500）
売上原価＝前月繰越（¥30,000）＋当月仕入（¥265,000）－次月繰越（¥27,000）
売上総利益＝売上高（¥424,500）－売上原価（¥268,000）

払出単価の計算方法	売　上　高	売上原価	売上総利益
先入先出法	¥424,500	¥268,000	¥156,500

練習問題12

次の取引を仕訳しなさい．
1. 当店は，商品￥280,000を仕入れ，代金は掛けとした．ただし，引取運賃￥20,000は現金で支払った．（分記法・総記法・3分法）
2. 当店は，上記商品のうち，￥200,000をA商店に￥300,000で販売し，代金は掛けとした．ただし，発送運賃￥8,000は現金で支払った．（分記法・総記法・3分法）
3-1. 期末において，上記の商品売買益勘定の貸方金額を損益勘定の貸方に振り替えた．（分記法）
3-2. 期末において，商品の実地棚卸し（￥150,000）を行い，これに基づいて商品売買益を計算した上で，損益勘定に振り替える．（総記法）
3-3. 期末において，期末商品棚卸高は￥150,000であった．ただし，期首商品棚卸高は￥50,000であった．また，売上原価を仕入勘定で算定する方法によること．（3分法）
4. A商店は，B商店から掛けで仕入れた商品の一部に品質不良があり，￥3,000の値引きを受けた．（3分法）
5. A商店は，C商店に掛けで売り渡した商品のうち，￥4,800が品違いのため返品された．（3分法）
6. A商店は，D商店に商品￥60,000（原価￥40,000）を売り渡し，代金は掛けとした．なお，発送運賃￥2,000は先方負担であるが，現金で立替払いした．（3分法）

練習問題13

次の取引に基づいて，仕入帳を作成して締め切りなさい．
7月1日 京都商店から次のとおり仕入れ，代金は掛けとした．
　　　　A商品　　300個　　＠￥500　　￥150,000
　　　　B商品　　350個　　＠￥400　　￥140,000
　8日　京都商店から仕入れたA商品のうち，20個を品質不良のため返品した．代金は買掛金から差し引くことにした．
　15日　名古屋商店から次のとおり仕入れ，代金のうち￥100,000は小切手を振り出し，残りは掛けとした．なお，引取運賃￥2,000は現金で支払った．
　　　　A商品　　200個　　＠￥510　　￥102,000
　　　　C商品　　500個　　＠￥360　　￥180,000
　21日　静岡商店から次のとおり仕入れ，代金は現金で支払った．
　　　　B商品　　400個　　＠￥420　　￥168,000

仕 入 帳

日付	摘　要　欄	内　訳	金　額
	（　　　）商店　　　　　　　　　　掛		
	（　　　）（　　個）（@¥　　　）	（　　　　）	
	（　　　）（　　個）（@¥　　　）	（　　　　）	（　　　　）
	（　　　）商店　　　　　　　掛返品		
	（　　　）（　　個）（@¥　　　）		（　　　　）
	（　　　）商店　　　　　　　　　諸口		
	（　　　）（　　個）（@¥　　　）	（　　　　）	
	（　　　）（　　個）（@¥　　　）	（　　　　）	
	引取運賃の現金払い	（　　　　）	（　　　　）
	（　　　）商店　　　　　　　　　現金		
	（　　　）（　　個）（@¥　　　）		（　　　　）
	（　　　　　　　　　　　　　　　　）		（　　　　）
	（　　　　　　　　　　　　　　　　）		（　　　　）
	（　　　　　　　　　　　　　　　　）		（　　　　）

練習問題14

次の取引に基づいて，売上帳を作成して締め切りなさい．

7月1日　盛岡商店へ次のとおり売り上げ，代金は掛けとした．
　　　　　Ａ商品　　80個　　@¥1,000　　¥80,000
　　　　　Ｂ商品　　20箱　　@¥4,000　　¥80,000

　8日　盛岡商店へ売り上げたＡ商品のうち，10個が品質不良のため¥5,000の値引きをした．〔1個当たり¥500の値引き〕

　15日　仙台商店へ次のとおり売り上げ，代金のうち¥80,000は同店振出しの小切手で受け取り，残りは掛けとした．
　　　　　Ａ商品　　100個　　@¥1,020　　¥102,000
　　　　　Ｃ商品　　300本　　@¥200　　　¥60,000

　21日　宮城商店へ次のとおり売上げ，代金は現金で受け取った．
　　　　　Ｂ商品　　40箱　　@¥3,050　　¥122,000

売 上 帳

日付	摘　要　欄	内　訳	金　額
	（　　）商店　　　　　　　掛		
	（　　）（　　個）(@￥　　)	（　　　　）	
	（　　）（　　箱）(@￥　　)	（　　　　）	（　　　　）
	（　　）商店　　　　　掛値引		
	（　　）（　　個）(@￥　　)		（　　　　）
	（　　）商店　　　　　　諸口		
	（　　）（　　個）(@￥　　)	（　　　　）	
	（　　）（　　本）(@￥　　)	（　　　　）	（　　　　）
	（　　）商店　　　　　　現金		
	（　　）（　　箱）(@￥　　)		（　　　　）
	（　　　　）		（　　　　）
	（　　　　）		（　　　　）
	（　　　　）		（　　　　）

練習問題15

次の取引に基づいて，商品有高帳を作成して締め切りなさい．（先入先出法・移動平均法）

```
7月 1日　前 月 繰 越　 50個　 @￥  600　￥ 30,000
    8日　仕　　　入　200個　 @￥  700　￥140,000
   15日　売　　　上　150個　 @￥1,000　￥150,000
   18日　仕　　　入　100個　 @￥  800　￥ 80,000
   22日　売　　　上　150個　 @￥1,200　￥180,000
   25日　仕　　　入　 50個　 @￥  900　￥ 45,000
   30日　売　　　上　 70個　 @￥1,350　￥ 94,500
```

〔先入先出法〕　　　　商 品 有 高 帳

平成 ○年		摘要	受入			払出			残高		
			数量	単価	金額	数量	単価	金額	数量	単価	金額
7	1	前月繰越									
8	1	前月繰越									

《注》｛（かっこくくり）を付け忘れないこと！

〔移動平均法〕　　　　商 品 有 高 帳

平成 ○年		摘要	受入			払出			残高		
			数量	単価	金額	数量	単価	金額	数量	単価	金額
7	1	前月繰越									
8	1	前月繰越									

第3章　掛け取引と貸倒れ

1．売掛金勘定〔資産〕・買掛金勘定〔負債〕

　商品売買取引を行う場合には，取引相手を信用して，商品代金を後日（月末など）に受け払いする約束で商品を提供する方法が一般的になっている．このような信用取引を掛け取引といい，その場合の商品代金を後日受け取る権利を**売掛金**という．また，商品代金を後日支払う義務を**買掛金**という．なお，売掛金勘定・買掛金勘定は，得意先元帳（売掛金元帳）・仕入先元帳（買掛金元帳）の人名勘定を統制する機能をもつため，**統制（統括）**勘定とよばれる．

(1)　人名勘定

　総勘定元帳の売掛金勘定・買掛金勘定では，取引先ごとの売掛債権・買掛債務の増減変化や残高が不明確である．このため，取引先ごとにその商店名又は商号などを勘定科目とする勘定口座が設けられ，取引先ごとの売掛債権・買掛債務の増減変化や残高が記帳される．このような勘定を**人名勘定**といい，売掛金勘定・買掛金勘定の代わりに総勘定元帳に設けて処理することがある．

〔取引例1〕
　当店は，横浜商店から商品¥120,000を掛けで仕入れた．
　（借方）　仕　　　入　120,000　　（貸方）　横　浜　商　店　120,000
〔取引例2〕
　上記の商品に破損品があったので，当店は¥5,000の値引きを受けた．
　（借方）　横　浜　商　店　5,000　　（貸方）　仕　　　入　5,000
〔取引例3〕
　当店は，名古屋商店に商品¥250,000を売り渡し，代金のうち¥150,000は同店振出しの小切手で受け取り，残額は掛けとした．

(借方)　現　　　金　150,000　　（貸方)　売　　　上　250,000
　　　　名古屋商店　100,000

〔取引例4〕
　上記の商品について品違いがあったので，当店は¥20,000の返品を受けた．
　（借方)　売　　　上　20,000　　（貸方)　名古屋商店　20,000

　しかし，取引先の増大によって人名勘定科目が増えるにつれ，次第にその処理が煩雑化してくる．そこで，総勘定元帳には，人名勘定ではなく統制勘定（売掛金・買掛金勘定）を設けておき，別個に得意先元帳（売掛金元帳）・仕入先元帳（買掛金元帳）という補助元帳を作成して人名勘定を設け，売掛金・買掛金勘定の内訳明細を示す方法を採用する．

2．得意先元帳（売掛金元帳）と売掛金明細表

　得意先元帳（売掛金元帳）とは，得意先別に売掛金の明細を示した補助元帳である．この補助元帳は，得意先別売掛金の増減変化とその残高を正しく示すとともに，総勘定元帳には人名勘定を設けずに売掛金勘定を用いることで，勘定科目数の増大や事務処理上の煩雑さを避けることができる．

　また，**売掛金明細表**とは，得意先元帳に基づいて得意先ごとにその売掛金残高を一覧表にしたものである．この明細表は，得意先別売掛金の未回収高を示すとともに，総勘定元帳の売掛金勘定残高が得意先元帳の各勘定残高合計と一致しているかどうかを検証するために作成されている．

総　勘　定　元　帳

売　　掛　　金

売上　800,000	現金　480,000
	残高　320,000

得 意 先 元 帳

山口商店

売上 500,000	現金 280,000
	残高 220,000

広島商店

売上 300,000	現金 200,000
	残高 100,000

〔作成例〕
次の取引の仕訳を示し，得意先元帳（売掛金元帳）の人名勘定に転記して，締め切りなさい．なお，これに基づいて売掛金明細表も作成しなさい．

5月1日　前月繰越高　売掛金　¥100,000
　　　　　内　訳：和歌山商店　¥60,000　　三重商店　¥40,000
　　4日　和歌山商店に商品¥200,000を売り渡し，代金は掛けとした．
　16日　三重商店に商品¥150,000を売り渡し，代金は掛けとした．
　22日　三重商店に売り渡した上記の商品に品違い¥20,000分があったために，返品された．
　28日　和歌山商店に対する売掛金¥200,000を同店振出しの約束手形で回収した．

〔仕　訳〕
5月1日　　　　　　　　　仕　訳　不　要
　　4日　（借方）売掛金（和歌山）200,000　（貸方）売　上　　　　200,000
　16日　（借方）売掛金（三　重）150,000　（貸方）売　上　　　　150,000
　22日　（借方）売　上　　　　　 20,000　（貸方）売掛金（三　重）20,000
　28日　（借方）受取手形　　　　200,000　（貸方）売掛金（和歌山）200,000

得 意 先 元 帳

和歌山商店

平成○年		摘　要	借　方	貸　方	借又は貸	残　高
5	1	前月繰越	60,000		借	60,000
	4	売上げ	200,000		〃	260,000
	28	受取手形による回収		200,000	〃	60,000
	31	次月繰越		60,000		
			260,000	260,000		
6	1	前月繰越	60,000		借	60,000

三重商店

平成〇年		摘要	借方	貸方	借又は貸	残高
5	1	前月繰越	40,000		借	40,000
	16	売上げ	150,000		〃	190,000
	22	品違いによる戻し		20,000	〃	170,000
	31	次月繰越		170,000		
			190,000	190,000		
6	1	前月繰越	170,000		借	170,000

売掛金明細表

	5月1日	5月31日
和歌山商店	¥ 60,000	¥ 60,000
三 重 商 店	40,000	170,000
	¥100,000	¥230,000

《注》総勘定元帳の売掛金勘定の残高と照合しなければならない．

3．仕入先元帳（買掛金元帳）と買掛金明細表

　仕入先元帳（買掛金元帳）とは，仕入先別に買掛金の明細を示した補助元帳である．この補助元帳は，仕入先別買掛金の増減変化とその残高を正しく示すとともに，総勘定元帳には人名勘定を設けずに買掛金勘定を用いることで，勘定科目数の増大や事務処理上の煩雑さを避けることができる．

　また，**買掛金明細表**とは，仕入先元帳に基づいて仕入先ごとにその買掛金残高を一覧表にしたものである．この明細表は，仕入先別買掛金の未払高を示すとともに，総勘定元帳の買掛金勘定残高が仕入先元帳の各勘定残高合計と一致しているかどうかを検証するために作成されている．

総勘定元帳

買　掛　金

現金　380,000	売上　600,000
残高　220,000	

仕入先元帳

岐阜商店

現金　230,000	売上　350,000
残高　120,000	

京都商店

現金　150,000	売上　250,000
残高　100,000	

〔作成例〕

次の取引の仕訳を示し，仕入先元帳（買掛金元帳）の人名勘定に転記して，締め切りなさい．なお，これに基づいて買掛金明細表も作成しなさい．

5月1日　前月繰越高　買掛金　¥150,000
　　　　　内　訳：仙台商店　¥80,000　　盛岡商店　¥70,000
　　3日　仙台商店から商品¥200,000を仕入れ，代金は掛けとした．
　　15日　盛岡商店から商品¥120,000を仕入れ，代金は掛けとした．
　　18日　盛岡商店から仕入れた上記商品のうちに汚損品があったため，¥15,000を返品した．
　　24日　仙台商店の買掛金¥150,000について約束手形を振り出して支払った．

〔仕　訳〕

5月1日　　　　　　　　　　　仕　訳　不　要
　　3日　（借方）仕　　入　　　　200,000　　（貸方）買掛金（仙台）200,000
　　15日　（借方）仕　　入　　　　120,000　　（貸方）買掛金（盛岡）120,000
　　18日　（借方）買掛金（盛岡）　15,000　　（貸方）仕　　入　　　　15,000
　　24日　（借方）買掛金（仙台）150,000　　（貸方）支払手形　　　　150,000

仕 入 先 元 帳
仙 台 商 店

平成○年		摘　要	借　方	貸　方	借又は貸	残　高
5	1	前月繰越		80,000	貸	80,000
	3	仕入れ		200,000	〃	280,000
	24	買掛金の支払い	150,000		〃	130,000
	31	次月繰越	130,000			
			280,000	280,000		
6	1	前月繰越		130,000	貸	130,000

盛 岡 商 店

平成○年		摘　要	借　方	貸　方	借又は貸	残　高
5	1	前月繰越		70,000	貸	70,000
	15	仕入れ		120,000	〃	190,000
	18	汚損品による戻し	15,000		〃	175,000
	31	次月繰越	175,000			
			190,000	190,000		
6	1	前月繰越		175,000	貸	175,000

買掛金明細表

	5月1日	5月31日
仙 台 商 店	¥ 80,000	¥130,000
盛 岡 商 店	70,000	175,000
	¥150,000	¥305,000

《注》総勘定元帳の買掛金勘定の残高と照合しなければならない．

4. 貸　倒　れ

　貸倒れとは，売掛金などの債権が得意先の破産その他の原因で回収不能になる状態をいう．得意先に対する売掛金が回収不能の状態になった時は，貸倒損失勘定〔費用〕を設けて，その借方に回収不能額を記入するとともに，売掛金勘定の貸方に当該金額を記入することで，売掛金を減額させる．
　貸倒損失勘定とは，売掛金が予想する間もなく貸倒れになった時に，その回収不能額を損失として処理するために用いる勘定である．

〔取引例〕
　京都商店が破産し，同店に対する売掛金¥30,000が貸倒れになった．
　　（借方）貸倒損失　30,000　　　（貸方）売　掛　金　30,000
　　〔実際発生損失額〕

5．貸倒れの見積もりと発生

　期末売掛金残高は，次期以降必ず回収できるとは限らない．それらが将来において貸倒れとなる虞がある場合には，期末において，貸倒れの予想額を見積もる必要がある．そこで，貸倒引当金繰入勘定〔費用〕を設けて，その借方に貸倒見積額を記入するとともに，貸倒引当金勘定を設けてその貸方に当該金額を記入する．この場合，実際には貸倒れがまだ発生していないので，売掛金勘定は減少していない．したがって，貸倒予想額を売掛金勘定から直接減額させることはできないので，間接的に売掛金の価値減少（マイナス）を示す貸倒引当金勘定（評価勘定）を用いることになる．貸倒引当金は，売掛金以外にも受取手形や貸付金も設定対象となる．

① 貸倒引当金繰入勘定〔費用〕
　貸倒引当金繰入勘定とは，期末における売掛金などの貸倒れを見積もった場合の予想額を当期の費用（厳密には損失）として処理するために用いる勘定である．従来は，しばしば貸倒償却勘定（又は貸倒引当損勘定）が用いられていたが，引当金一般に適用される×××引当金繰入勘定に統一された．

② 貸倒引当金勘定〔資産のマイナスを示す評価勘定〕
　貸倒引当金勘定とは，期末における売掛金などの貸倒予想額を売掛金勘定などから間接的に減額させるために用いる勘定で，売掛金などの評価（マイナス）を示している．

6．貸倒れの見積もり方法

　貸倒見積額の測定方法には，個別評価法と一括評価法とがある．

(1) 個別評価法

個別評価法とは，取引先ごとの金銭債権を対象として，個別にその取立見込みを調査して，貸倒予想額を見積もる方法である．この方法の利点は，個別に調査するために，計算の正確性が高いことである．しかし，総合的に，常に過小評価になりやすく，手間がかかる欠点もある．

(2) 一括評価法

一括評価法とは，貸倒損失の発生実績額を調査することによって，過去の経験則に基づいた一定比率（貸倒実績率）を求め，債権ごとの個別ではなくて一括した期末債権金額に当該比率を乗じて貸倒見積額を算定する方法である．

7．貸倒引当金の記帳方法

期末決算時に期末売上債権の貸倒れを見積もる場合の記帳方法には，次に示す差額補充法（追加法）と洗替法とがある．

(1) 差額補充法（追加法）

差額補充法（追加法）とは，期末決算時点において貸倒引当金残高がある場合，貸倒見積額と期末残高との差額を補充する方法で，貸倒引当金繰入勘定の借方に当該補充額を記入するとともに，貸倒引当金勘定の貸方に当該金額を記入する．

① 貸倒引当金残高がない場合の貸倒見積額の計上

〔取引例1〕
平成00年の期末において，売掛金残高¥420,000の貸倒れ（2％）を見積もった．ただし，貸倒引当金は設定されていない．
　（借方）　貸倒引当金繰入　8,400　　（貸方）貸倒引当金　8,400
　　《注》期末売掛金残高¥420,000×2％＝¥8,400

②貸倒引当金残高を超えない範囲で貸倒れた場合

〔取引例2〕
平成01年の期中において，大阪商店に対する売掛金¥6,000が貸倒れになった．た

だし，貸倒引当金残高が¥8,400ある．
　（借方）貸 倒 引 当 金　6,000　　（貸方）売　掛　金　6,000

③ 貸倒引当金残高がある場合の貸倒見積差額の追加計上

〔取引例3〕
　平成01年の期末において，売掛金残高¥500,000の貸倒れ（2％）を見積もった．ただし，貸倒引当金残高が¥2,400ある．
　（借方）貸倒引当金繰入　7,600　　（貸方）貸倒引当金　7,600
　　《注》期末売掛金残高¥500,000×2％－¥2,400＝¥7,600

④ 貸倒引当金残高を超えて貸倒れた場合

〔取引例4〕
　平成02年の期中において，前期末に貸倒れを見積計上していた大阪商店に対する売掛金¥12,000が貸倒れになった．ただし，貸倒引当金残高が¥10,000ある．
　（借方）貸 倒 引 当 金　10,000　　（貸方）売　掛　金　12,000
　　　　　貸 倒 損 失　2,000
　　《注》〔引当金不足額＝貸倒損失計上〕
　　　　　貸倒引当金残高（¥10,000）－大阪商店売掛金（¥12,000）＝△¥2,000

⑤ 当期中に発生した売上債権が当期中に貸倒れた場合

　当期中に商品売買を行うことで生じた売上債権が当期中に貸倒れた場合には，当該債権に対して貸倒処理がなされていないので，すなわち貸倒引当金が設定されていないので，貸倒引当金勘定残高を用いることはできない．したがって，貸倒損失勘定で処理しなければならない．

〔取引例5〕
　当期中に生じた鳥取商店に対する売掛金¥20,000が貸倒れとなった．ただし，貸倒引当金残高は¥30,000である．
　（借方）貸 倒 損 失　20,000　　（貸方）売　掛　金　20,000
　《注》当期に生じた売掛金には貸倒引当金が設定されていないので，貸倒引当金勘定を減額させないで貸倒損失勘定で処理すること．

⑥ 貸倒引当金残高が貸倒見積額を超えている場合

　差額補充法を採用している場合で，期末貸倒引当金残高が貸倒見積額を超えた時は，次のように貸倒引当金勘定を超過額だけ減額させればよい．同時に，その分だけ収益に戻し入れなければならない．したがって，期末貸倒引当金残高が貸倒見積を超えている場合，貸倒引当金勘定を超過額だけ減額させるとともに，当該超過額を**貸倒引当金戻入（益）**勘定〔収益〕の貸方に記入する．

〔取引例6〕
　期末において，売掛金残高¥300,000に対して2％の貸倒れを見積もった．ただし，貸倒引当金残高は¥8,000である．
　　（借方）貸倒引当金　2,000　　（貸方）貸倒引当金戻入（益）　2,000
　　　　　　　　　　　　　　　　　　　　　〔前期損益修正（収益）〕
　《注》貸倒引当金戻入（益）……¥8,000－¥300,000×2％＝¥2,000

　ここで取り上げている貸倒引当金戻入（益）は，前期損益修正項目の一種である．**前期損益修正項目**とは，過年度の損益計算を修正する項目であって，当期の正常収益力を判断するために，営業収益などとは区別すべき性質のものである．使用・利用目的で取得した固定資産に関する減価償却の過不足修正などもこれに含まれる．

(2) 洗替法

　洗替法とは，期末決算時点において貸倒引当金残高がある場合，貸倒引当金勘定の借方にその残高を記入するとともに，貸倒引当金戻入（益）勘定〔収益〕を設けて，その貸方に当該金額を記入して，あらためて期末売上債権（売掛金等）に対して貸倒れの予想を行い，当該予想額を貸倒引当金繰入勘定の借方に記入するとともに，貸倒引当金勘定の貸方に当該金額を記入する方法である．

〔取引例〕
　翌期の期末において，売掛金残高¥500,000に対して2％の貸倒れを見積もった．ただし，貸倒引当金期末残高は¥2,400ある．
　　（借方）貸倒引当金　　　　2,400　　（貸方）貸倒引当金戻入　　2,400
　　（借方）貸倒引当金繰入　10,000　　（貸方）貸倒引当金　　　 10,000

8．償却債権取立益勘定〔収益〕

　償却債権取立益とは，過年度にすでに貸倒れとして処理していた売掛金の一部又は全部が財貨（金銭や商品等）で回収された時に，回収された分を収益として処理するために用いる勘定である．これも，前期損益修正項目の一種である．また，償却債権は償却済み（費用処理済み）の債権であり，過年度に費用処理（損失処理）されたことを意味している．

〔取引例〕

前期に貸倒れ処理していた大阪商店に対する売掛金￥10,000のうち￥4,000が現金で回収された．

（借方）現　　　　金　4,000　　（貸方）償却債権取立益　4,000

練習問題16

次の取引を仕訳しなさい．ただし，人名勘定を用いること．
1．当店は，犬山商店から商品￥80,000を掛で仕入れた．
2．上記商品に破損品があったので，当店は￥3,000の値引きを受けた．
3．犬山商店に対する買掛金について，小切手を振り出して支払った．
4．当店は，各務原商店に商品（売価￥150,000）を掛で売り渡した．
5．上記の商品について，品違いがあったので，当店は￥30,000の返品を受けた．

練習問題17

次の取引を仕訳しなさい．ただし，差額補充法によること．
1．平成00年10月15日　前期より繰り越された売掛金￥8,000が貸倒れとなった．なお，貸倒引当金は￥12,000である．
2．平成00年12月31日　決算にあたり，期末売掛金残高￥300,000に対して3％の貸倒れを見積もった．期末貸倒引当金残高は￥4,000である．
3．平成01年5月5日　前期より繰り越された売掛金￥11,000が貸倒れとなった．なお，貸倒引当金は￥9,000である．
4．平成01年8月21日　前期に貸倒として処理した売掛金￥8,000のうち，￥5,000を現金で回収した．

第4章 手形取引

1. 手　　形

　手形とは，債務者が一定期日に一定金額を支払うことを示した法律上の有価証券である．法律上の有価証券は，商品証券〔船荷証券・金券など〕や貨幣証券〔日本銀行券・小切手・手形など〕及び資本証券〔株式・社債など〕といった幅広い概念である．その内容いかんによって，簿記処理は異なる．例えば，金券には乗車券・商品券などがあるが，乗車券は交通費勘定〔費用〕として処理される．商品券は当該発行会社であるか否かで異なる．発行会社では発行時点で商品券勘定〔負債〕として処理されるが，他店が発行した加盟店共通の商品券を受け取った場合には他店商品券勘定〔資産〕となる（P.114参照）．船荷証券は未着品勘定で処理され，他人振出小切手は現金勘定，株式や社債などの有価証券はその保有目的によって売買目的有価証券勘定〔資産〕や満期保有目的の債券勘定〔資産〕・子会社株式勘定〔資産〕などで処理される．それ故，簿記上でいう有価証券とは，株式や社債・国債・地方債などの資本証券に限られている．また，手形取引と掛け取引とでは，紛争が生じた時の証拠能力に違いがあり，さらに支払手段としての利便性にも違いがみられる．

(1) 手形の分類
　手形は，法律や企業取引の性質，さらには勘定処理などのさまざまな視点から分類される．その内容は，次のとおりである．
① 法律からの分類
　手形は，法律〔手形法〕上の観点から約束手形と為替手形に分類される．**約

束手形とは，手形振出人（支払人）が一定期日に一定金額を手形所持人（名宛人・受取人）に支払うことを約束した証券であり，いつ・どこで・誰に・いくら支払うかを示している．約束手形の場合，手形を振出した人が手形の決済を行う人（支払人）となり，誰が受け取るか名指しされた人（名宛人）が手形を受け取ることでその後に決済を受ける人（受取人）となる．

また**為替手形**とは，手形振出人が第三者（名宛人・引受人・支払人）に対して一定期日に一定金額を支払うことを委託した証券であり，いつ・どこで・誰に・いくら支払わせるかを示している．為替手形の場合，手形を振り出した人が自ら手形の決済を行わないで誰に支払わせるか名指しし，名指しされた人（名宛人）が支払いの引受けをして後日に手形の決済を行う．したがって，名宛人が引受人となり，支払人となる．

② 企業取引の性質からの分類

また手形は，企業取引の観点から商業手形と金融手形に分類される．**商業手形**とは，商品売買取引において，その商品代金等の支払手段に用いる証券である．**金融手形**とは，金銭貸借取引において，借用証書の代わりに用いる証券である．

③ 勘定処理からの分類

商品売買取引において用いられる商業手形は，さらに勘定処理上の観点から，受取手形と支払手形とに分類される．**受取手形**とは，商品売買取引における手形代金を後日受け取ることができる手形債権を処理するための資産勘定科目である．また**支払手形**とは，商品売買取引における手形代金を後日支払わなければならない手形債務を処理するために用いる負債勘定科目である．

金銭貸借取引において用いられる金融手形は，同じく勘定処理上の観点から，手形貸付金と手形借入金とに分類される．**手形貸付金**とは，金銭を貸し付けた時に借用証書の代わりに約束手形等を受け取ることで生じる債権を処理するための資産勘定科目である．また，**手形借入金**とは，金銭を借り入れた時に借用証書の代わりに約束手形等を用いることで生じる債務を処理するための負債勘定科目である．

(2) 具体的な手形処理

〔取引例1〕

名古屋商店は，広島商店に商品￥20,000を売り渡し，代金は同商店振出し・名古屋商店宛ての約束手形で受け取った．

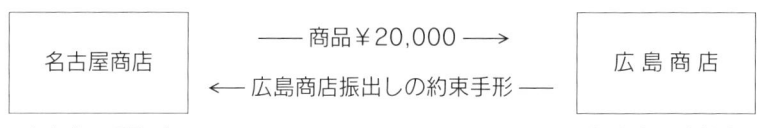

```
┌─────────┐  ── 商品￥20,000 ──→  ┌─────────┐
│ 名古屋商店 │                          │ 広島商店 │
└─────────┘ ← 広島商店振出しの約束手形 ─ └─────────┘
  名宛人＝受取人                            振出人＝支払人
```

【名古屋商店】（借方）受 取 手 形　20,000　　（貸方）売　　　　上　20,000
　　　　　　　〔広島商店に対する権利（増加）〕

【広　島　商店】（借方）仕　　　　入　20,000　　（貸方）支 払 手 形　20,000
　　　　　　　　　　　　　　　　　　　　　　　　〔名古屋商店に対する義務（増加）〕

〔取引例2〕

名古屋商店は，広島商店に商品￥20,000を売り渡し，代金は同商店振出し・福岡商店宛ての為替手形で受け取った．

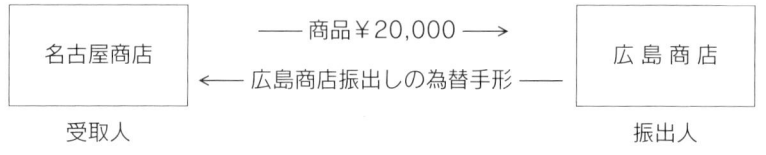

```
┌─────────┐  ── 商品￥20,000 ──→  ┌─────────┐
│ 名古屋商店 │                          │ 広島商店 │
└─────────┘ ← 広島商店振出しの為替手形 ─ └─────────┘
  受取人                                    振出人
                              支払の呈示↓↑支払の引受
                                        ┌─────────┐
                                        │ 福岡商店 │
                                        └─────────┘
                                        名宛人＝引受人＝支払人
```

【名古屋商店】（借方）受 取 手 形　20,000　　（貸方）売　　　　上　20,000
　　　　　　　〔福岡商店に対する権利（増加）〕

【広　島　商店】（借方）仕　　　　入　20,000　　（貸方）売 掛 金　20,000
　　　　　　　　　　　　　　　　　　　　　　　　〔福岡商店に対する権利（減少）〕

【福　岡　商店】（借方）買 掛 金　20,000　　（貸方）支 払 手 形　20,000
　　　　　　　〔広島商店に対する義務（減少）〕〔名古屋商店に対する義務（増加）〕

《注》為替手形を振り出せるのは，得意先に対して債権（売掛金）が存するからであり，その債権で商品代金等の支払いを決済するのである．

2．手形の裏書譲渡

　手形の裏書譲渡とは，所有の約束手形や為替手形を，満期日以前に商品代金等の支払いに充てることをいう．この場合，手形の裏面に裏書きする（必要事項を記入したうえで押印する）ことになる．

〔取引例〕
　札幌商店は，旭川商店に対する掛け代金¥250,000の支払いのために，以前に室蘭商店から受け取っていた為替手形を裏書譲渡した．
　　（借方）買　掛　金　250,000　　　（貸方）　受　取　手　形　250,000
　　旭川商店に対する義務（減少）　　×××商店に対する権利（減少）

3．手形の割引

　手形の割引とは，所有の約束手形や為替手形を，取引銀行に対して満期日以前に裏書譲渡して，資金の融通を受けることをいう．これは，実質的には手形の売却とみられる．したがって，割引日から決済日までの利息相当分及び手数料などは**手形売却損**勘定（営業外費用）で処理される．この場合，手形売却損が手形金額から差し引かれた差引残額が手取金になる．手形が最終的に決済されるまでは，手形の裏書人に偶発的債務が発生する可能性があるために，偶発債務処理が必要であるが，紙幅の関係からここでは省略しておく．

〔取引例〕
　函館商店は，以前に帯広商店から受け取っていた約束手形¥200,000を取引銀行で割引き，手形売却損¥5,000を差し引かれ，手取金は当座預金とした．
　　（借方）当　座　預　金　195,000　　（貸方）　受　取　手　形　200,000
　　　　　　手形売却損　　　5,000

《注》営業外費用とは，営業活動以外で毎期経常的に発生する費用である．

4．手形による金銭貸借

　金銭貸借取引において，借用証書の代わりに約束手形や為替手形（自己宛て

為手）を用いて行うことがある．この場合，これらの手形は借用証書の代わりであって，取引それ自体は本質的には金銭貸借取引であるから，商品売買取引で生じる債権（受取手形・支払手形）とは区別して処理しなければならない．

(1) 借用証書による金銭貸借取引

〔取引例１〕
　青森商店は，秋田商店から現金￥100,000を借り入れ，借用証書を渡した．
　　【青森商店】（借方）現　　　　金　100,000　　（貸方）借　入　金　100,000
　　【秋田商店】（借方）貸　付　金　100,000　　（貸方）現　　　　金　100,000

〔取引例２〕
　青森商店は，秋田商店からの上記借入金￥100,000について，小切手を振り出して返済した．
　　【青森商店】（借方）借　入　金　100,000　　（貸方）当座預金　100,000
　　【秋田商店】（借方）現　　　　金　100,000　　（貸方）貸　付　金　100,000

(2) 手形による金銭貸借取引

〔取引例１〕
　青森商店は，秋田商店から￥100,000の借入れ（約束手形による）を行い，利息分￥5,000を差し引いた手取金を当座預金とした．
　　【青森商店】（借方）当座預金　　95,000　　（貸方）手形借入金　100,000
　　　　　　　　　　　　支払利息　　 5,000
　　【秋田商店】（借方）手形貸付金　100,000　　（貸方）当座預金　　95,000
　　　　　　　　　　　　　　　　　　　　　　　　　　　　受取利息　　 5,000

〔取引例２〕
　青森商店は，かねて約束手形を振り出すことで，秋田商店から借り入れた借入金￥100,000を現金で支払った．
　　【青森商店】（借方）手形借入金　100,000　　（貸方）現　　　　金　100,000
　　【秋田商店】（借方）現　　　　金　100,000　　（貸方）手形貸付金　100,000

《注》金融手形による金銭貸借取引も借用証書による場合と同じ金銭貸借取引であるので，手形貸付金勘定・手形借入金勘定の代わりに貸付金勘定・借入金勘定を用いても差し支えない（P.108参照）．

5．手形の更改

手形の更改とは，支払期日が到来したにもかかわらず，資金の都合がつかないために手形の所有者（債権者）の承諾を得ることで，支払延期のための新しい手形に書き換えることをいう．手形を更改する場合には，手形取引の性質（商業手形・金融手形）によってその処理が異なる．

(1) 商業手形の更改

〔取引例〕
かねて新潟商店に振り出していた約束手形￥500,000の支払期日が到来した宮城商店は，資金の都合がつかずに新潟商店に支払延期の申入れをして，利息分￥8,000を含めた新しい約束手形を振り出した．

【宮城商店】（借方）支 払 手 形　500,000　　（貸方）支 払 手 形　508,000
　　　　　　　　　　支 払 利 息　　8,000
【新潟商店】（借方）受 取 手 形　508,000　　（貸方）受 取 手 形　500,000
　　　　　　　　　　　　　　　　　　　　　　　　　受 取 利 息　　8,000

(2) 金融手形の更改

〔取引例〕
かねて岩手商店から￥150,000を借り入れ，それに対して約束手形を振り出していた盛岡商店は，支払期限の到来日に資金の都合がつかずに岩手商店に延期の申入れをして，新しい約束手形を振り出した．ただし，利息分￥3,000は現金で支払った．

【盛岡商店】（借方）手 形 借 入 金　150,000　　（貸方）手 形 借 入 金　150,000
　　　　　　　　　　支 払 利 息　　　3,000　　　　　　現　　　　　金　　 3,000
【岩手商店】（借方）手 形 貸 付 金　150,000　　（貸方）手 形 貸 付 金　150,000
　　　　　　　　　　現　　　　　金　　 3,000　　　　　受 取 利 息　　　 3,000

6．受取手形記入帳・支払手形記入帳（補助記入帳）の作成

(1) 受取手形記入帳の作成

総勘定元帳の受取手形勘定では，手形の種類・支払人・振出人及び満期日などが不明瞭である．そこで，とくに資金繰りの面から手形の満期日を明らかに

する補助記入帳が必要とされる．この補助簿が**受取手形記入帳**である．この受取手形記入帳の作成にあたっては，約束手形・為替手形を受け入れた順にその日付・受入れ理由など必要事項を記入し，また，顚末欄には取立て・裏書き・割引きなどの最終結果を記録する．この記入帳の締切りは，取引量が多い企業では1カ月単位で，取引量が少ない企業では一会計期間ごとに行われる．

〔作成例〕

5月21日　当店は，島根商店に対する売掛金¥80,000を同店振出しの約束手形（＃18）で受け取った．〔支払場所：関西銀行本店〕
（借方）受 取 手 形　80,000　　（貸方）売 掛 金　80,000

6月25日　当店は，鳥取商店に商品¥50,000を売り渡し，代金は兵庫商店宛（引受済み）の為替手形（＃6）で受け取った．〔支払場所：関西銀行南支店〕
（借方）受 取 手 形　50,000　　（貸方）売　　　上　50,000

7月21日　当店は，5月21日に島根商店から受け取っていた約束手形が満期日となり，当座預金とした．
（借方）当 座 預 金　80,000　　（貸方）受 取 手 形　80,000

7月24日　当店は，岡山商店から商品¥50,000を仕入れ，6月25日に鳥取商店から受け取っていた為替手形を裏書譲渡した．
（借方）仕　　　入　50,000　　（貸方）受 取 手 形　50,000

受取手形記入帳

日	付	摘要	種類	No.	支払人	振出人 又は裏書人	振出日			満期日			支払場所	金額	顚末			
							年	月	日	年	月	日			年	月	日	摘要
5	21	売掛金	約束	18	島根商店	島根商店	×	5	21	×	7	21	関西銀行本店	80,000	×	7	21	取立
6	25	売上	為替	6	兵庫商店	鳥取商店	×	6	25	×	8	25	関西銀行南支店	50,000	×	7	24	裏書

(2) 支払手形記入帳の作成

総勘定元帳の支払手形勘定では，手形の種類・受取人・振出人及び満期日などが不明瞭である．そこで，とくに資金繰りの面から手形の満期日を明らかにする補助記入帳が必要とされる．この補助簿が**支払手形記入帳**である．この支払手形記入帳の作成にあたっては，約束手形の振出しや為替手形の引受けを行った順に，その日付・振出しや引受けの理由など必要事項を記入し，また，顚末欄には支払いなどの最終結果を記録する．この記入帳の締切りは，受取手形記入帳と同様に取引量が多い企業では1カ月単位で，取引量が少ない企業で

は一会計期間ごとに行われる.

〔作成例〕
- 8月23日　当店は，宮崎商店に対する買掛金￥60,000について約束手形（♯24）を振り出して支払った．〔支払場所：九州銀行本店〕
（借方）買　掛　金　60,000　　（貸方）支　払　手　形　60,000
- 9月27日　熊本商店は，大分商店から商品￥90,000を仕入れ，当店宛の為替手形（♯15）（当店引受済み）を振り出して支払った．〔支払場所：九州銀行南支店〕
（借方）買　掛　金　90,000　　（貸方）支　払　手　形　90,000
- 10月23日　8月23日に宮崎商店に振り出していた約束手形￥60,000が満期日となり，当座預金から支払われた．
（借方）支　払　手　形　60,000　　（貸方）当　座　預　金　60,000

支払手形記入帳

日	付	摘要	種類	No.	受取人	振出人又は裏書人	振出日			満期日			支払場所	金額	顛末			
							年	月	日	年	月	日			年	月	日	摘要
8	23	買掛金	約束	24	宮崎商店	当店	×	8	23	×	10	23	九州銀行本店	60,000	×	10	23	支払
9	27	買掛金	為替	15	大分商店	熊本商店	×	9	27	×	11	27	九州銀行南支店	90,000				

練習問題18

次の取引を仕訳しなさい．（3分法）
1. 当店は，甲商店から商品￥120,000を仕入れ，代金として同店宛ての約束手形￥80,000を振出し，残りは掛けとした．
2. 当店は，A商店に商品￥50,000を売り渡し，代金として同店振出しの約束手形を受け取った．
3. 当店は，かねて取り立てを依頼していたA商店振出しの約束手形￥50,000を当座預金に入金した旨の通知を取引銀行から受けた．
4. 当店は，乙商店から商品￥100,000を仕入れ，代金としてB商店宛ての為替手形を振出し，同店の引受けを得て乙商店に渡した．
5. 当店は，甲商店から同店に対する買掛金￥60,000につき，同店振出し・C商店受取り・当店宛ての為替手形の引受けを求められたので，これを引き受けた．
6. 当店は，D商店に商品￥70,000を売り渡し，代金は同店振出し・乙商店引受けの為替手形で受け取った．

練習問題19

次の取引を仕訳しなさい．
1. 当店は，丙商店から商品￥150,000を仕入れ，代金のうち￥90,000は先に受け取っていたA商店振出しの約束手形を裏書譲渡し，残額は掛けとした．

2．当店は，以前に受け取ったB商店振出し・丙商店引受けの為替手形￥200,000を取引銀行で割引き，手形売却損￥2,000を差し引かれ，手取り金を当座預金とした．

[練習問題20]

次の補助簿に基づいて，それぞれの取引を仕訳しなさい．ただし，売掛金は人名勘定を用いなさい．

受取手形記入帳

日付		摘要	種類	No.	支払人	振出人又は裏書人	振出日			満期日			支払場所	金額	顛末			
月	日						年	月	日	年	月	日			年	月	日	摘要
5	21	売掛金	約束	18	岡山商店	岡山商店	×	5	21	×	7	21	関西銀行本店	90,000	×	7	21	取立
7	25	売 上	為替	6	倉敷商店	玉野商店	×	7	25	×	9	25	関西銀行南支店	50,000	×	9	25	取立

[練習問題21]

次の補助簿に基づいて，それぞれの取引を仕訳しなさい．ただし，買掛金は人名勘定を用いなさい．

支払手形記入帳

日付		摘要	種類	No.	受取人	振出人又は裏書人	振出日			満期日			支払場所	金額	顛末			
月	日						年	月	日	年	月	日			年	月	日	摘要
8	23	仕 入	約束	24	高鍋商店	当 店	×	8	23	×	10	23	九州銀行本店	80,000	×	10	23	支払
9	27	買掛金	為替	15	日向商店	延岡商店	×	9	27	×	11	27	九州銀行北支店	30,000	×	11	27	支払

第5章　その他の債権・債務の取引

1．前払金勘定〔資産〕・前受金勘定〔負債〕

　商品売買取引において，契約時に前もって商品代金の一部又は全部を内金ないし手付金として受払いすることがある．

(1) 内金による商品売買取引

　商品売買の契約時点で，商品の受渡し前に商品代金の一部又は全部を内金として受払いする取引で生じる債権・債務は，それぞれ前払金勘定・前受金勘定で処理される．

　前払金とは，契約時に商品代金の一部又は全部を前もって支払うことによって，将来の一定期日に商品の提供を受ける権利（債権）をいう．買主が内金として金銭を支払った時は，前払金勘定を設けてその借方に前払額を記入する．また，後日実際に商品の提供を受けた時は，商品の提供を受ける権利は消滅するので，当該金額を前払金勘定の貸方に記入する．

　前受金とは，契約時に商品代金の一部又は全部を前もって受け取ることによって，将来の一定期日に商品を提供する義務（債務）をいう．売主が内金として金銭を受け取った時は，前受金勘定を設けてその貸方に前受額を記入する．また，後日実際に商品を提供した時は，商品を提供する義務は消滅するので，当該金額を前受金勘定の借方に記入する．

〔取引例1〕
　滋賀商店は，奈良商店に商品¥800,000の買受契約を結び，内金として小切手¥200,000を振り出して支払った．

【滋賀商店】（借方）前　払　金　200,000　　（貸方）当 座 預 金　200,000
　　【奈良商店】（借方）現　　　　金　200,000　　（貸方）前　受　金　200,000
　《注》他人振出小切手は，現金勘定で処理すること．
〔取引例 2〕
　滋賀商店は，奈良商店から上記の商品を受け取り，代金は内金を差し引き，残額を掛けとした．
　　【滋賀商店】（借方）仕　　　　入　800,000　　（貸方）前　払　金　200,000
　　　　　　　　　　　　　　　　　　　　　　　　　　　買　掛　金　600,000
　　【奈良商店】（借方）前　受　金　200,000　　（貸方）売　　　上　800,000
　　　　　　　　　　　　売　掛　金　600,000

(2) 手付金による商品売買取引

　商品売買取引における契約時に，取引が速やかに履行される保証として買主から売主に手付金が支払われることがある．契約が履行された場合には，支払代金の一部に充当されることになる．このように，取引履行の保証として手付金を受払いする取引で生じる債権・債務は，それぞれ**支払手付金**勘定〔資産〕・**受取手付金**勘定〔負債〕で処理される．また内金と違って，買主は当該手付金を放棄することで契約を解除でき，売主は手付金の倍額を買主に返却することで解除できる．そのため，これらの勘定は内金による取引と区別するために用いられる．具体的な処理については，内金による取引と同様に行われる．

〔取引例 1〕
　神戸商店は，大阪商店から商品¥500,000の売渡契約を結び，手付金として現金¥100,000を受け取った．
　　【神戸商店】（借方）現　　　　金　100,000　　（貸方）受取手付金　100,000
　　【大阪商店】（借方）支払手付金　100,000　　（貸方）現　　　　金　100,000

〔取引例 2〕
　神戸商店は，大阪商店に上記の商品を引き渡し，代金は手付金を差し引き，残額を掛けとした．
　　【神戸商店】（借方）受取手付金　100,000　　（貸方）売　　　上　500,000
　　　　　　　　　　　　売　掛　金　400,000
　　【大阪商店】（借方）仕　　　　入　500,000　　（貸方）支払手付金　100,000
　　　　　　　　　　　　　　　　　　　　　　　　　　　買　掛　金　400,000

　なお，手付金は内金の概念に含まれるので，手付金の受払いを行った場合の簡便法として，支払手付金勘定・受取手付金勘定の代わりに前払金勘定・前受金勘定を用いても差し支えない．

2．貸付金勘定〔資産〕・借入金勘定〔負債〕

　企業は，商品売買取引のような主たる営業活動以外に金銭貸借取引を行うこともある．この金銭貸借取引において発生する債権・債務は，借用証書による場合とそれに代えて手形による場合とに分けられる．借用証書は，借主が金銭消費貸借契約に基づいて貸主から金銭を借り受けた事実を証明する証書である．通常，原本は一部のみで，貸主が金銭の返済を受けるまで保管する．

(1) 借用証書による金銭貸借取引

　金銭貸借取引の存在を証明する借用証書を用いて金銭貸借取引を行う場合に発生する債権・債務は，次のとおりである．

　貸付金とは，手持ちの余裕資金を取引先などに貸し付けた場合に，後日その返済を受ける権利（債権）をいう．貸主が金銭を貸し付けた時は，貸付金勘定〔資産〕を設けてその借方に貸付金額を記入する．また，後日に金銭の返済を受けた時は，貸付金勘定の貸方に当該金額を記入する．

　借入金とは，資金不足により銀行などから借り入れた場合に，後日その返済をしなければならない義務（債務）をいう．借主が金銭を借り入れた時は，借入金勘定〔負債〕を設けてその貸方に借入金額を記入する．また，後日に金銭を返済した時は，借入金勘定の借方に当該金額を記入する．

〔取引例1〕
　山形商店は，仙台商店から現金¥200,000を借り入れた．なお，この金銭貸借取引は借用証書によるものである．
　　【山形商店】（借方）現　　　　金　200,000　（貸方）借　入　金　200,000
　　【仙台商店】（借方）貸　付　金　200,000　（貸方）現　　　　金　200,000

〔取引例2〕
　山形商店は，仙台商店に上記の借入金を利息¥4,000とともに小切手を振り出して支払った．
　　【山形商店】（借方）借　入　金　200,000　（貸方）当座預金　204,000
　　　　　　　　　　　支　払　利　息　　4,000
　　【仙台商店】（借方）現　　　　金　204,000　（貸方）貸　付　金　200,000
　　　　　　　　　　　　　　　　　　　　　　　　　　　受　取　利　息　　4,000

(2) 金融手形による金銭貸借取引

金融手形による金銭貸借取引において発生する債権・債務は，第Ⅱ部第4章「手形取引」で示したとおりである．すなわち，**手形貸付金**とは，手持ちの余裕資金を取引先などに貸し付けた場合で，借用証書の代わりに約束手形等を受け取った時に，後日その返済を受ける権利（債権）をいう．貸主が金銭を貸し付けた時は，**手形貸付金勘定**〔資産〕を設けてその借方に貸付金額を記入する．また，後日に金銭の返済を受けた時は，貸付金勘定の貸方に当該金額を記入する．

手形借入金とは，資金不足により銀行などから借り入れた場合で，借用証書の代わりに約束手形等を振り出した時に，後日その返済をしなければならない義務（債務）をいう．借主が金銭を借り入れた時は，**手形借入金勘定**〔負債〕を設けて，その貸方に借入金額を記入する．また，後日に金銭を返済した時は，借入金勘定の借方に当該金額を記入する．

〔取引例1〕
山口商店は，島根商店から現金¥150,000を借り入れた．なお，この金銭貸借取引は約束手形によるものである．

【山口商店】（借方）現　　　金　150,000　（貸方）手形借入金　150,000
【島根商店】（借方）手形貸付金　150,000　（貸方）現　　　金　150,000

〔取引例2〕
山口商店は，島根商店に上記の借入金を利息¥4,000とともに小切手を振り出して支払った．

【山口商店】（借方）手形借入金　150,000　（貸方）当座預金　154,000
　　　　　　　　　支払利息　　　4,000
【島根商店】（借方）現　　　金　154,000　（貸方）手形貸付金　150,000
　　　　　　　　　　　　　　　　　　　　　　　　受取利息　　　4,000

なお，借用証書による借入れと約束手形による借入れを区別しない場合は，簡便法として，ともに借入金勘定・貸付金勘定で処理する方法が認められている．

3．未収金勘定〔資産〕・未払金勘定〔負債〕

商品売買取引のような主たる営業活動は，手形による場合と掛けによる場合

とに分けられる．手形取引による債権・債務は，受取手形・支払手形勘定で処理され，掛け取引による債権・債務は，売掛金・買掛金勘定で処理される．また，商品以外のもの（有価証券・固定資産・不用品等）を取得・売却した時に生ずる一時的な債権・債務は，未収金・未払金勘定で処理される．

　未収金とは，企業の主たる営業活動以外の取引から生じる債権であり，例えば固定資産等を売却した場合に，その代金の一部又は全部を月末等に受け取ることにすることで将来の一定期日に金銭を受け取る権利をいう．したがって，固定資産等を取得した場合で，その代金の一部又は全部を月末等に受け取ることにした時は，未収金勘定を設けてその借方に未収額を記入する．後日にその未収額を受け取った時は，未収金勘定の貸方に当該金額を記入する．

　未払金とは，企業の主たる営業活動以外の取引から生じる債務であり，例えば固定資産等を取得した場合に，その代金の一部又は全部を月末払い等にすることによって将来の一定期日に金銭を支払わなければならない義務をいう．備品などの固定資産等を取得した場合，その代金の一部又は全部を月末払い等にした時は，未払金勘定を設けてその貸方に未払額を記入する．後日にその未払額を支払った時は，未払金勘定の借方に当該金額を記入する．

〔取引例１〕
　不要となったダンボール箱を¥3,000で売却し，代金は月末に受け取ることにした．
　　（借方）未　収　金　　3,000　　（貸方）雑益（又は雑収入）3,000

〔取引例２〕
　かねて売却していたダンボール箱の代金¥3,000を現金で回収した．
　　（借方）現　　　　金　　3,000　　（貸方）未　収　金　　　3,000

〔取引例３〕
　事務用金庫を¥120,000で購入し，代金は月末払いとした．
　　（借方）備　　　　品　120,000　　（貸方）未　払　金　　120,000

〔取引例４〕
　かねて購入していた事務用金庫の未払代金¥120,000を，小切手を振り出して支払った．
　　（借方）未　払　金　120,000　　（貸方）当　座　預　金　120,000

《注》備品を購入した側は未払金勘定を用いるが，備品を販売した側で備品が商品となる場合には，未収金勘定では処理できない．したがって，売掛金勘定で処理する．

4．立替金勘定〔資産〕・預り金勘定〔負債〕

　立替金とは，従業員・役員・取引先に一時的に金銭を立替える場合に生じる債権で，後日に金銭の返済を受ける権利をいう．その性質は貸付金にも類似するが，貸付金が利息収入を前提とするのに，立替金はそれを生ぜしめない点で区別される．取引先に対するものは一般に立替金勘定〔資産〕で処理される．しかし，従業員に対するものは**従業員立替金**勘定〔資産〕で処理され，役員に対するものは**役員立替金**勘定〔資産〕で処理される．

　預り金とは，従業員・役員等から旅行積立金などの名目で一時的に金銭を預かる場合に生じる債務である．その場合，旅行積立金については，**従業員預り金**勘定〔負債〕で処理される．また所得税の源泉徴収については，所得税を一時的に預かるだけなので，預り時に**所得税預り金**勘定〔負債〕で処理される．

　また，建物・商品に対する火災保険料や自動車・盗難に対する損害保険料は保険料勘定〔費用〕で処理されるが，社会保険（健康保険・失業保険・労災保険）のうち1/2相当の企業負担分は，法定福利費勘定〔費用〕で処理される．しかし，残りの個人負担分は給料天引きで企業が一時的に預かるだけなので，**社会保険料預り金**勘定〔負債〕で処理される．商品を購入する時にかかる損害保険料は，付随費用として仕入勘定（3分法）で処理される．

〔取引例1〕
　従業員の申し出により，給料の前貸しとして現金¥60,000を支払った．
　　（借方）従業員立替金　60,000　　（貸方）現　　　　金　60,000

〔取引例2〕
　給料¥180,000を支払うにあたり，上記の立替金¥60,000，当月分の社内積立金¥5,000，社会保険料¥3,000及び所得税の源泉徴収分¥7,000を差し引き，残額は現金で支払った．
　　（借方）給　　　料　180,000　　（貸方）従業員立替金　　60,000
　　　　　　　　　　　　　　　　　　　　　　従業員預り金　　 5,000
　　　　　　　　　　　　　　　　　　　　　　社会保険料預り金 3,000
　　　　　　　　　　　　　　　　　　　　　　所得税預り金　　 7,000
　　　　　　　　　　　　　　　　　　　　　　現　　　　金　 105,000

〔取引例3〕
社会保険料¥72,000（うち企業負担分¥36,000）について，小切手を振り出して支払った．
　　（借方）社会保険料預り金　36,000　　（貸方）当 座 預 金　72,000
　　　　　　法定福利費　　　　36,000

5．仮払金勘定〔資産〕・仮受金勘定〔負債〕

(1) 仮払金

仮払金とは，企業が金銭を支払う場合に，取引内容が不明確ないし金額が不確定の時，例えば，従業員の出張にあたり，旅費の概算払いをする時などに一時的に生じる債権である．この場合，従業員が帰店するまではその金額が確定しないので，旅費〔費用〕として処理することはできない．従業員が出張するために旅費の概算払いをした時は，仮払金勘定〔資産〕を設けてその借方に概算払い額を記入する．その後，従業員が出張から戻って旅費の精算を行い，仮払金勘定の貸方に概算払い額を記入するとともに，確定金額が旅費勘定に振り替える．

〔取引例1〕
従業員の出張にあたり，旅費として現金¥150,000を概算払いした．
　　（借方）仮　払　金　150,000　　（貸方）現　　　　金　150,000

〔取引例2〕
従業員が出張から戻り，旅費の精算をしたところ，残金¥12,000を現金で受け取った．
　　（借方）旅　　　　費　138,000　　（貸方）仮　払　金　150,000
　　　　　　現　　　　金　 12,000

(2) 仮受金

仮受金とは，企業が金銭を受け取る場合に，相手勘定科目が不明確ないし金額が不確定の時，例えば，出張中の従業員などから内容不明の送金を受ける時などに一時的に生ずる債務である．この場合，従業員から連絡があるまでは，勘定科目の内容が不明確であるので，その取引にあった正しい処理ができない．出張中の従業員などから内容不明の送金を受けた時は，仮受金勘定を設けてそ

の貸方に送金額を記入する．その後，従業員から送金内容の報告があった時は，仮受金勘定〔負債〕の借方に当該金額を記入するとともに，取引に合った適切な勘定に振り替える．

〔取引例1〕
　出張中の従業員から，¥200,000の当座振込みがあったが，その内容は不明であった．
　　（借方）当 座 預 金　200,000　　（貸方）仮 受 金　200,000
〔取引例2〕
　従業員が出張から戻り，上記振込額のうち¥120,000は売掛金の回収であって，残額は商品注文の内金であることが判明した．
　　（借方）仮 受 金　200,000　　（貸方）売 掛 金　120,000
　　　　　　　　　　　　　　　　　　　　　前 受 金　 80,000

6．商品券勘定〔負債〕

　商品券とは，デパートや大規模小売店などで発行される証券であり，その発行者はその券面額分の商品を引き渡す義務を負うものである．また，ギフトカードは，引渡商品がすでに決まっている商品券である．商品券には，デパートなどが単独で発行するものと，他のデパートと共同で発行するものや商店街の連合会などが共同で発行するもの（共通商品券）とがある．こうした商品券を顧客から金銭と引換えに発行した時は，商品券勘定〔負債〕を設けてその貸方に券面額を記入する．後日，顧客から商品券を受け取って商品を引き渡した時は，商品券勘定の借方に券面額を記入する．この商品券勘定は，この場合の商品を引き渡す義務を示す負債勘定である．

〔取引例1〕
　宇都宮デパートは，顧客に商品券（券面額¥50,000）を発行し，現金を受け取った．
　　（借方）現　　　　金　50,000　　（貸方）商 品 券　50,000
〔取引例2〕
　宇都宮デパートは，顧客に商品¥80,000を販売し，代金のうち¥50,000は商品券で，残額は現金で受け取った．
　　（借方）商 品 券　50,000　　（貸方）売　　　上　80,000
　　　　　　現　　　　金　30,000

　他のデパートあるいは商店街の連合会などが連盟して商品券（全国共通図書

券・全国百貨店加盟共通券など）を発行した場合には，顧客に商品を販売して他店発行の商品券を受け取った時に，**他店商品券**勘定〔資産〕を設けてその借方に記入する．後日，他店との間で金銭による決済を行った時は，当店発行の商品券勘定と他店商品券勘定とを相殺して差額を金銭で清算する．この他店商品券勘定は，後日に当該商品の代金を受け取る権利を意味する．

〔取引例1〕
宇都宮デパートは，顧客に商品¥80,000を販売し，代金のうち¥50,000は他店発行の商品券で，残額は現金で受け取った．

（借方）他店商品券　50,000　　（貸方）売　　　上　80,000
　　　　現　　　金　30,000

〔取引例2〕
宇都宮デパートは，手持ちの他店商品券¥50,000と自社発行商品券¥30,000とを相殺し，差額を現金で清算した．

（借方）商　品　券　30,000　　（貸方）他店商品券　50,000
　　　　現　　　金　20,000

【練習問題22】

次の取引を仕訳しなさい．

1. 当店は，富山商店に対して現金¥120,000を期間6カ月・年利率5％の条件で貸し付け，同店から借用証書を受け取った．
2. 当店は，上記の貸付金を利息とともに富山商店振出しの小切手で受け取り，ただちに当座預金とした．（利息は各自で計算すること）
3. 当店は，新潟商店から現金¥80,000を期間12カ月・年利率6％の条件で借入れ，借用証書の代わりに約束手形を振り出して渡した．
4. 当店は，上記の借入金を利息とともに小切手を振り出して支払った．（利息は各自で計算すること）
5. 当店は，神奈川商店と商品¥150,000の売買契約を締結し，現金¥30,000を内金として受け取った．
6. 当店は，神奈川商店に対して，上記商品¥150,000を発送した．残額については，掛けとした．
7. 当店は，清水商店と商品¥200,000の売買契約を締結し，現金¥50,000を手付金として受け取った．
8. 当店は，清水商店に対して，上記商品¥200,000を発送した．残額については，掛けとした．
9. 当店は，従業員某に給料の前貸しとして現金¥20,000を渡した．
10. 本月分の給料¥200,000を支払うにあたり，立替金¥20,000上記の立替金，当月分の社内積立金¥6,000，社会保険料（従業員負担分）¥2,000及び所得税の源泉徴収分

¥5,000を差し引き，手取金を現金で支払った．
11. 預っていた所得税の源泉徴収分¥60,000（1年分）を所轄税務署に現金で納付した．
12. 従業員が出張にあたり，旅費の概算払い¥100,000を行い，現金で渡した．
13. 出張中の従業員から現金¥50,000が送金されたが，その内容は不明であった．
14. 従業員が出張から戻り，上記送金額は商品注文の内金¥20,000と売掛け代金¥30,000であることは判明した．
15. 月末になって，未収金¥30,000を現金で受け取った．
16. 金庫¥100,000を購入し，代金のうち¥60,000は小切手を振り出して支払い，残額は月末に支払うことにした．
17. 月末になって，上記の金庫代金の未払分を現金で支払った．
18. 顧客Aに商品券¥20,000を発行し，代金は現金で受け取った．
19. 顧客Bに商品¥50,000を販売し，代金のうち¥20,000は当店が発行した商品券で受け取り，残額は当デパートと連盟している他店発行の商品券で受け取った．
20. 商品券の精算をし，当店保有の他店商品券¥40,000と他店保有の当店商品券¥60,000とを交換して，差額を現金で支払った．

第6章　有価証券取引

1．有価証券

有価証券とは，さまざまな保有目的で所有されている証券であり，株式・社債・国債・地方債等が含まれる．有価証券の保有目的には，満期保有目的での債券（社債・国債・地方債等）に対する利息収入，継続的な取引関係維持目的での株式に対する配当収入，市場価格の値上がりによる売却益，さらには他企業の支配目的などがある．

(1) 有価証券の種類

有価証券には，発行主体等に応じて株式・社債・国債・地方債・金融債などがある．**株式**とは，株式会社が活動資金を調達するために発行する株券である．**社債**とは，株式会社が長期にわたる活動資金を借り入れるために発行する社債券である．**国債**とは，政府が公共投資や財政赤字の穴埋め等のための資金を調達する目的で発行する国庫債券である．**地方債**とは，地方自治体が公共投資や財政赤字の穴埋め等のための資金を調達目的で発行する地方債証券である．県が発行する場合には県債という．**金融債**とは，金融機関が長期にわたる活動資金を借り入れるために発行する金融債証券（利付金融債・割引金融債）である．

株式について厳密にいえば，株式は株式会社における株主の地位のことを指すもので，株券は当該株式の保有を証明するものである．株券を売買することは株券そのものではなく，株主の地位を売買することである．新会社法では，株券不発行が原則となっている．また株式には，従来の株式には額面株式と無額面株式があったが，今日では株式分割や株式併合が容易にできる，使い勝手

のよい無額面株式のみとなっている．一方，社債・国債・地方債・金融債の額面総額は，額面金額1口￥100×発行口数である．通常，額面総額で発行される場合を平価発行，額面総額を下回って発行する場合を割引発行，額面総額を上回って発行する場合には割増発行とよばれている．市中金利との調整で行われている．なお，市中金利とは，公定歩合に対する民間金融機関の貸出金利などである．

(2) 法律上の有価証券との区別

簿記上での有価証券は，法律上でいう有価証券とは区別して取り扱われる．法律上の有価証券には，簿記上の有価証券以外にも，小切手・手形，さらには金券（郵便切手・収入印紙・乗車券など）も含まれるので注意しなければならない．例えば，自己振出小切手は当座預金勘定で，他人振出小切手が現金勘定で処理される．また，郵便切手は通信費勘定で処理され，収入印紙は印紙税勘定（又は租税公課勘定）で処理され，乗車券は交通費勘定で処理されるように，費消目的で購入されて経常的に費消されるものは，慣習的会計処理として費用勘定で処理される．

(3) 有価証券の簿記上の区別

有価証券の種類には，保有目的の観点から売買目的有価証券・満期保有目的の債券・子会社株式及び関連会社株式・その他有価証券に分けられる．**売買目的有価証券**とは，時価の変動により利益を獲得する目的で保有する有価証券である．**満期所有目的の債券**とは，満期まで保有する意図を有している有価証券である．**子会社株式及び関連会社株式**とは，他企業を支配する目的又は影響を及ぼす目的で保有する有価証券である．**その他有価証券**とは，上記以外の有価証券である．ここでは，紙幅の関係から売買目的有価証券に限定して取り上げる．なお，日商簿記検定3級商業簿記では売買目的有価証券のみ出題されている．

2．有価証券の取得・売却取引

　有価証券を売買目的で取得した時は，**売買目的有価証券**勘定〔資産〕を設けてその借方に取得価額（取得原価）を記入する．その場合，証券会社に支払う手数料などの付随費用は，適正な期間損益計算のために取得代価に算入して取得価額とする必要がある．付随費用を算入しない場合には，当該費用が支出した事業年度の費用として処理されるからである．

　取得価額を超える金額で当該有価証券を売却した時は，**有価証券売却益**勘定〔収益〕を設けてその貸方に超過額を記入する．逆に取得価額を下回る金額で当該有価証券を売却した時は，**有価証券売却損**勘定〔費用〕を設けてその借方に不足額を記入する．

　有価証券のうち株式を一定期間所有していれば，その期間に見合う配当金を受け取ることができる．この場合，**受取配当金**勘定〔収益〕を設けてその貸方に配当金額を記入する．また，社債・国債・地方債等を一定期間所有していれば，その期間に見合う利息を受け取ることができる．この場合，**有価証券利息**勘定〔収益〕を設け，その貸方にこの利息分を記入する．

〔取引例１〕
　売買目的でＡ社の株式10株を１株につき￥60,000で買い入れ，代金は買入手数料￥15,000とともに月末に支払うことにした．
　　（借方）売買目的有価証券　615,000　　（貸方）未　払　金　615,000
　《注》買入手数料は有価証券を取得するための付随費用であるので，有価証券の取得原価に算入すること！

〔取引例２〕
　売買目的で甲社から社債額面￥800,000（１口￥100×8,000口）を＠￥98.50で購入し，代金は手数料￥4,000とともに小切手を振り出して支払った．
　　（借方）売買目的有価証券　792,000　　（貸方）当　座　預　金　792,000
　《注》売買目的有価証券　￥800,000×98.50÷100＋￥4,000＝￥792,000（＠￥99.00×8,000口）

〔取引例３〕
　Ａ社株式につき，同社から配当金領収書￥20,000が郵送されてきた．
　　（借方）現　　　　　金　　20,000　　（貸方）受取配当金　20,000

〔取引例４〕
　甲社発行の社債を＠￥97.50で売却し，代金は郵便為替証書で受け取った．

(借方) 現　　　　金　780,000　　(貸方) 有　価　証　券　792,000
　　　有価証券売却損　 12,000
《注》有価証券売却損 (@¥99.00－@¥97.50)×8,000口＝¥12,000
　　　郵便為替証書を取得した時は，現金勘定で処理すること！

〔取引例5〕
A株式のうち半分を1株あたり¥65,000で売却し，代金は小切手で受け取った．
(借方) 当　座　預　金　325,000　　(貸方) 売買目的有価証券　307,500
　　　　　　　　　　　　　　　　　　　　　　有価証券売却益　　 17,500
《注》有価証券売却益　¥65,000×5株－(¥615,000÷2)＝¥17,500

3．有価証券の評価替え

　期末において，売買目的で所有している有価証券は時価（市場価格）で評価替えを行う．**評価替え**とは，期末において所有している売買目的有価証券の市場価格が変動している場合に，市場価格まで修正することをいう．その場合，市場価格が帳簿価額を上回っている時は，**有価証券評価益**勘定〔収益〕を設けて，その借方に当該差額を記入する．市場価格が帳簿価額を下回っている時は，**有価証券評価損**勘定〔費用〕を設けて，その借方に当該差額を記入する．

〔取引例6〕
　期末において，A株式の残り5株について1株当たり@¥64,000に評価替えする．
(借方) 売買目的有価証券　12,500　　(貸方) 有価証券評価益　12,500
《注》有価証券評価益　¥64,000×5株－¥307,500＝¥12,500

練習問題23
次の取引を仕訳しなさい．
1．A商店は，売買目的で愛媛株式会社から額面¥1,000,000（1口¥100×10,000口）の社債を@¥96.50で購入し，代金は手数料¥5,000とともに小切手を振り出して支払った．
2．A商店は，上記社債のうち，4,000口を@¥97.50で売却し，代金は現金で受け取った．
3．A商店は，残りの社債を@¥98.50で売却し，代金は現金で受け取った．
4．B商店は，期末において，売買目的有価証券1,000株（帳簿価額@¥56,000）を1株につき¥53,000に評価替えした．
5．C商店は，期末において，売買目的有価証券1,000株（帳簿価額@¥59,000）を1株につき¥60,000に評価替えした．

第7章　個人企業の資本金・引出金取引

1．資本金勘定〔純資産（資本）〕

　個人企業における**資本金**とは，資産総額から負債総額を差し引いた残額である純財産（純資産）をいい，具体的には，出資者（店主・事業主）が企業活動資金として拠出した分及びその増減分である．個人企業を開業するにあたり，事業主が元入れした時は，資本金勘定を設けてその貸方に元入額を記入する．事業拡張のために，事業主が追加元入れした時も，同様の処理を行う．

(1)　資本金が増加する場合
① 開業時の出資（元入れ）

　事業主が自己資金を元手に開業する場合，個人企業への当該出資額が資本金として処理される．その場合，必ずしも現金による出資であるとは限らず，土地や建物などによることもある．これを現物出資という．

〔取引例1〕
　事業主が，現金￥2,000,000・土地￥3,600,000・建物￥1,400,000を元入れして営業を開始した．
　　（借方）現　　　　金　2,000,000　　（貸方）資　本　金　7,000,000
　　　　　　土　　　　地　3,600,000
　　　　　　建　　　　物　1,400,000

② 事業拡張時の追加出資（追加元入れ）

　事業規模を拡張するために，事業主が自己資金を個人企業へ出資額を追加することがある．その場合，必ずしも現金による追加出資であるとは限らず，現物出資によることもある．

〔取引例2〕
　事業主が，事業拡張目的で現金￥1,000,000を追加元入れした．
　　（借方）現　　　　金　1,000,000　　（貸方）資　本　金　1,000,000

③ 決算時における当期純利益の振替え（決算振替）

　損益勘定の貸方残高は当期純利益を示している．これは，結果的には貸借対照表の純資産（資本）の増加額を意味する．そのため，個人企業では純資産（資本）の増加と捉えるべきである．当期純利益が生じている以上，帳簿上と異なって純資産（資本）（具体的には資本金）はすでに増加している．そのため，事実に一致させる処理（当期純利益の振替え）が必要となる．

〔取引例3〕
　決算にあたり，当期純利益￥850,000を資本金勘定に振り替えた．
　　（借方）損　　　　益　　850,000　　（貸方）資　本　金　　850,000

(2) 資本金が減少する場合

① 事業主の私用による現金・商品等の引出し〔純資産（資本）の引出し〕

　純資産（資本）の引出しは，事業主が事業目的の財産を事業と関係のない個人的な目的のために消費する取引であって，純資産（資本）の元入れや追加元入れの逆取引となる．

〔取引例1〕
　事業主が，私用のために商品（原価￥50,000）を使用した．
　　（借方）資　本　金　　50,000　　（貸方）仕　　　　入　　50,000
　《注》商品は3分法では仕入勘定で処理されているので，販売以外による商品の減少は売上ではなく仕入の減少として処理される．

② 決算時における当期純損失の振替（決算振替え）

　損益勘定の借方残高は当期純損失を示している．これは，結果的には貸借対照表の純資産（資本）の減少額を意味する．そのため，個人企業では純資産（資本）の減少と捉えるべきである．当期純損失が生じている以上，帳簿上と異なって純資産（資本）（具体的には資本金）はすでに減少している．そのため，事実に一致させる処理（当期純損失の振替）が必要となる．

〔取引例2〕
　決算にあたり，当期純損失￥240,000を資本金勘定に振り替えた．

(借方) 資 本 金　240,000　　(貸方) 損　　益　240,000

2．引出金勘定〔資本金の評価勘定〕

引出金とは，事業主が純資産（資本）の引出しを頻繁に行う場合，資本金勘定の煩雑化を避けるために用いるもので，資本金の評価（マイナス）を示す勘定である．期中において，事業主が現金・商品等を私用で引き出した時は，引出金勘定を設けてその借方に引出額を記入する．そして，期末にはその残額を資本金勘定の借方に振り替えて相殺する．

〔取引例1〕
　事業主が，私用のために商品（原価￥50,000）を使用した．
　　(借方) 引 出 金　50,000　　(貸方) 仕　　入　50,000
〔取引例2〕
　事業主が，家計費として現金￥100,000を引き出した．
　　(借方) 引 出 金　100,000　　(貸方) 現　　金　100,000
〔取引例3〕
　決算にあたり，上記の引出金￥150,000を整理した．
　　(借方) 資 本 金　150,000　　(貸方) 引 出 金　150,000

資 本 金		
引出金　150,000	×××	

引 出 金		
仕　入　50,000	資本金　150,000	
現　金　100,000		

〔取引例2〕で示したように，家計費は企業の費用ではないので，費用処理できない．店主が店の現金を引き出したので，元入れ時の逆取引と理解する．

練習問題24

次の取引を仕訳しなさい．なお，商品売買取引については3分法を採用する．また，資本の引出しについては引出金勘定を用いること．
1．店主が現金￥200,000，土地￥600,000及び建物￥400,000を元入れして，営業を開始した．
2．店主が現金￥50,000と商品￥30,000（原価）を引き出し，私用にあてた．
3．店主の家計費￥40,000を現金で支払った．
4．決算にあたり，当期純利益￥250,000を計上した．また，引出金￥80,000を整理した．
5．決算にあたり，当期純損失￥150,000を計上した．

第 8 章　個人企業の税金

1．個人企業の税金

個人企業の税金には，次のようなものがある．

個人企業の税金
- ① 事業主の所得にかかる所得税・住民税
- ② 個人企業の事業にかかる事業税
- ③ 建物・土地などの固定資産にかかる固定資産税
- ④ 自動車にかかる自動車税
- ⑤ 収入印紙にかかる印紙税
- ⑥ 消費税　　　　　　　　　　　　　　など

2．税法上費用〔損金〕として否認されるもの

　国税である所得税や地方税である住民税（都道府県民税・市町村民税）は，事業主が個人として支払う税金であるために，税法上企業の費用として容認されない．したがって，個人企業の現金で納付した時は，いったん引出金勘定を用いて処理することになる．

〔取引例〕
　事業主が，個人の所得税及び住民税￥250,000を企業の現金で納付した．
　　（借方）引　出　金　250,000　　（貸方）現　　　　金　250,000

3. 税法上費用〔損金〕として容認されるもの

　国税である**印紙税・登録免許税**や地方税である**固定資産税・事業税・自動車税**は税法上企業の費用として容認しているので，それらを納付した時は次のいずれかで処理を行う．

① 単一勘定処理法〔租税公課勘定（統制勘定）を用いる方法〕

　税法上企業の費用として認められる税金を納付した時は，**租税公課**勘定〔費用〕を設けてその借方に納付額を記入する．また，納付通知書を受け取った時は，租税公課勘定の借方に記入するとともに，**未払税金**勘定〔負債〕を設けてその貸方に当該金額を記入する．

〔取引例 1〕
　収入印紙¥8,000を現金で購入した．
　　（借方）租 税 公 課　　8,000　　（貸方）現　　　　金　　8,000
〔取引例 2〕
　事業税の第 1 期分¥40,000に関する納付通知書を受け取った．
　　（借方）租 税 公 課　　40,000　　（貸方）未 払 税 金　　40,000
〔取引例 3〕
　納期にあたり，上記の事業税を現金で納付した．
　　（借方）未 払 税 金　　40,000　　（貸方）現　　　　金　　40,000

② 多勘定処理法〔租税公課勘定を用いない方法〕

　税法上企業の費用として認められる税金を納付した時は，その内容を示す勘定を設けてその借方に納付額を記入する．この方法は，租税公課の種類がそれなりにあり，金額も決して少なくない企業で用いられる．

〔取引例 1〕
　収入印紙¥8,000を現金で購入した．
　　（借方）印　紙　税　　8,000　　（貸方）現　　　　金　　8,000
〔取引例 2〕
　事業税の第 1 期分¥40,000に関する納付通知書を受け取った．
　　（借方）事 業 税　　40,000　　（貸方）未 払 税 金　　40,000
〔取引例 3〕
　固定資産税第 3 期分¥60,000の納付通知書を受け取り，ただちに現金で支払った．
　　（借方）固定資産税　　60,000　　（貸方）現　　　　金　　60,000

練習問題25〔多勘定処理法〕

次の取引を仕訳しなさい．ただし，資本の引出しについては引出金勘定を用いない方法によること．

1．店の収入印紙￥20,000を購入し，代金は現金で支払った．
2．事業のための登録免許税￥50,000を現金で支払った．
3．店主個人に関する所得税の第1期予定納税額￥60,000を店の現金で支払った．
4．今年度の所得税額を計算したところ，￥270,000であった．そこで，確定申告を行うとともに第1期などの予定納税額￥180,000を差し引いた税額を店の現金で支払った．
5．土地と建物に対する固定資産税￥200,000の納税通知書を受け取り，第1期分￥50,000を現金で納付した．

第9章　固定資産取引

1. 固 定 資 産

　固定資産とは，企業内で長期にわたって使用又は利用される資産である．ただし，金額の僅少なものについては，たとえ1年を超えて使用できるとしても，実務上では費用処理される．この固定資産は，次のように分類される．

(1) 固定資産の分類

　固定資産は，貸借対照表上では有形固定資産・無形固定資産・投資その他の資産の3つに区分表示される．

　有形固定資産とは，無形固定資産に対する概念であり，具体的な存在形態を有する固定資産である．それには，土地・建物・機械装置・車両運搬具・備品などが含まれる．

　無形固定資産とは，有形固定資産に対する概念であって，具体的な存在形態を有しない法律上の権利や社会の事実関係を主とする固定資産である．前者の法律上の権利には，特許権・実用新案権・意匠権・商標権・鉱業権等である．特許権とは，発明又は発見による新製品又は新製法を一定期間独占して生産・使用もしくは販売できる権利である．実用新案権とは，物品の形状・構造又は組み合わせに関し自然法則を利用して生み出された技術的創作の実施を排他的に行う権利である．意匠権とは，色・形・模様・配置などに関する装飾上の工夫を排他的に独占できる権利である．商標権とは，商品・製品について使用する文字・図形・記号などの標識（他の商品・製品と区別するためのトレードマーク）を独占的に使用できる権利である．鉱業権とは，鉱物を採掘・取得できる権利

である．後者の社会の事実関係には，合併買収（R&D）で有償によって取得されるのれんが挙げられる．のれんは，伝統・名声・立地条件・製造技術・取引関係など企業の超過収益力である．

投資その他の資産とは，企業外部への資金の投下形態にあるもので，子会社株式・出資金・長期貸付金・長期前払費用・敷金・破産債権等がその例として挙げられる．

2．固定資産の購入取引

(1) 土地勘定〔資産〕

営業用として使用する土地を取得した時は，土地勘定を設けてその借方に取得原価を記入する．その場合，購入時に必要な仲介手数料・登記料などの付随費用を購入代価に加算する．また，土地を整地した場合にも，整地費用は土地勘定で処理する．すなわち，使用目的資産を使用できる状態にするまでの諸費用は，発生した年度の費用として一括処理しないで使用期間にわたる費用とするために，当該資産の購入価額〔取得原価＝購入代価＋付随費用〕に算入する．

〔取引例1〕
営業規模を拡張するにあたり，土地100坪を1坪¥200,000で購入し，代金は仲介手数料¥300,000とともに小切手を振り出して支払った．
（借方）土　　　地　20,300,000　（貸方）当　座　預　金　20,300,000

〔取引例2〕
上記の土地の整地及び登記を行い，整地代¥800,000と登記料¥200,000については，ともに小切手を振り出して支払った．
（借方）土　　　地　1,000,000　（貸方）当　座　預　金　1,000,000

(2) 建物勘定〔資産〕

事業所・店舗・倉庫等を購入あるいは新築した時は，建物勘定を設けてその借方に取得原価を記入する．その場合，購入時に必要な仲介手数料・登記料・付属設備などの付随費用を購入代価に加算する．なお，窓ガラスが割れるなど建物に破損が生じるために修繕した時は，建物勘定で処理しないで，修繕費勘定〔費用〕を設けてその借方に記入する．

〔取引例１〕
　店舗用の建物を購入し，その購入代価¥10,000,000と登記料・仲介手数料¥300,000を合わせて，小切手を振り出して支払った．
　　（借方）建　　　　物　10,300,000　　（貸方）当 座 預 金　10,300,000

〔取引例２〕
　建物の窓ガラスが破損したので，ガラスの修理代¥50,000を現金で支払った．
　　（借方）修　繕　費　　　50,000　　（貸方）現　　　　金　　　50,000

(3)　**備品勘定**〔資産〕

　事務用机・椅子，金庫，陳列ケース，各種の事務機器等を購入した時は，備品勘定を設けてその借方に取得原価を記入する．その場合，備品を据え付けるための付随費用（据付費）を購入代価に加算する．

〔取引例〕
　金庫¥100,000を購入し，代金は月末払いとした．ただし，据付費¥5,000は現金で支払った．
　　（借方）備　　　　品　　　105,000　　（貸方）未　払　金　　　100,000
　　　　　　　　　　　　　　　　　　　　　　　　現　　　　金　　　　5,000

(4)　**車両運搬具勘定**〔資産〕

　営業用として使用するトラック・乗用車・オートバイ等を購入した時は，車両運搬具勘定を設けてその借方に取得原価を記入する．

〔取引例〕
　商品運搬用のトラック¥1,200,000を１台購入し，代金は約束手形を振り出して支払った．
　　（借方）車両運搬具　　1,200,000　　（貸方）営業外支払手形　1,200,000
　　　　　　　　　　　　　　　　　　　　　　　（又は固定資産購入支払手形）

　通常，商品売買取引で用いられる手形は，受取手形勘定・支払手形勘定で処理されるが，商品以外のものの取得取引で用いられる手形は，支払手形勘定と区別して**営業外支払手形**（又は**固定資産購入支払手形**）勘定を用いる．

(5)　**機械装置勘定**〔資産〕

　製品製造のために使用する機械装置を購入あるいは自家製造した時は，機械装置勘定を設けてその借方に取得原価又は製造原価を記入する．その場合，機

械装置を購入した時の引取運賃や据付費などの付随費用は，購入代価又は製造原価に加算する．

〔取引例〕
機械装置¥500,000を購入し，据付費¥30,000とともに現金で支払った．
　（借方）機 械 装 置　530,000　　（貸方）現　　　金　530,000

3．固定資産の減価償却

(1) 減価償却

減価償却とは，有形固定資産を使用する期間にわたって，その取得原価を一部ずつ費用として配分する手続きで，期末決算時に行うものである．この手続きによって，有形固定資産の取得原価のうちで時の経過や使用による価値の減少分（物質的減価）又は陳腐化・不適応化による価値の減少分（機能的減価）は，各事業年度の費用として計上される．この場合の費用を**減価償却費**という．

(2) 減価償却費の計算方法〔金額の測定方法〕

減価償却費の計算方法には，定額法・定率法・級数法・生産高比例法が挙げられる．**定額法**とは，毎期一定額を減価償却費として計上する方法であり，耐用年数を基準に算定される方法（耐用年数基準法）である．**定率法**とは，取得原価から減価償却累計額を控除した残額（未償却額）に対して一定の償却率を乗じた額を減価償却費として計上する方法であり，これも耐用年数に基づいて減価償却費を算定することで，耐用年数基準法の1つである．**級数法**とは，耐用年数の経過に比例して減価償却額を逓減させるが，逓減の割合が定率法よりも緩やかな方法であり，これも耐用年数基準法の1つである．**生産高比例法**とは，生産高に応じて減価する場合に用い，実際生産数量に対する総生産数量（又は総利用可能量）の割合に基づいて算定する方法であり，総利用可能量基準法である．ここでは，紙幅の関係から便宜的に定額法のみ取り上げる．

定額法は，前述のとおり，毎期一定額を減価償却費として計上する方法であって，具体的計算法は，取得原価から残存価額を控除した部分を耐用年数で

除して算出する．**取得原価**とは，固定資産を取得するのに支出した額で，利用できるまでの付随費用を含んでいる．**残存価額**とは，耐用年数経過後の見積処分価額である．**耐用年数**とは，利用可能期間（年数）である．

〔具体的計算法〕

$$減価償却費 = \frac{取得原価 - 残存価額}{耐用年数（年）}$$

例えば，期首に取得原価¥1,000,000で耐用年数9年・残存価額は取得原価の10％である車両運搬具を取得した場合，減価償却費は以下のとおりである．

$$1年間の減価償却費 = \frac{取得原価¥1,000,000 - 残存価額¥100,000}{耐用年数9年}$$
$$= 100,000 \ \ となる．$$

《注》平成19年度の税制改正によって，同年4月1日以後に取得する新規取得資産については，償却可能限度額（減価償却をすることができる限度額）と残存価額が廃止され，耐用年数経過時に1円（備忘価額）まで償却可能となった．したがって，税法上の残存価額はゼロである．

(3) 減価償却の記帳方法〔記録の方法〕

減価償却の記帳方法には，次に示す直接法と間接法の2つの方法がある．

① 直接法

直接法とは，当期負担の減価償却費相当額を固定資産の諸勘定の貸方に記入することで，当該勘定から直接減額する方法をいう．したがって，固定資産の帳簿価額は，固定資産の諸勘定のみで明らかとなる．

〔取引例〕

決算にあたって，建物（取得原価¥6,000,000）の減価償却を行うことにした．ただし，定額法を採用し，耐用年数は20年，残存価額は取得原価の10％とする．

（借方）減価償却費　270,000　　（貸方）建　　物　270,000

建　　物	
×××　6,000,000	減価償却費　270,000

《注》建物の帳簿価額は，建物勘定借方残高（¥5,730,000）である．

② 間接法

間接法とは，当期負担の減価償却費の金額を固定資産の諸勘定から直接減額しないで，**減価償却累計額**勘定（固定資産の評価勘定）を設けてその貸方に当該金額を記入することで，間接的に減額する方法である．有形固定資産は，使用又は時の経過によって徐々にその価値が減少する．しかし，固定資産は全体と

して機能するために，価値減少分を目に見える形では把握できない．そこで，直接に固定資産の諸勘定から減額させない間接法は，理論的であるといえる．したがって，固定資産の帳簿価額は，固定資産の諸勘定のみでは明らかとならず，減価償却累計額勘定との抱き合わせで把握する必要がある．

〔取引例〕

決算にあたって，建物（取得原価￥6,000,000）の減価償却を行うことにした．ただし，定額法を採用，耐用年数は20年，残存価額は取得原価の10%とする．

（借方）減価償却費　270,000　　（貸方）減価償却累計額　270,000

建物	減価償却累計額
××× 6,000,000	減価償却費 270,000

《注》建物の帳簿価額は，建物勘定（借方）￥6,000,000－減価償却累計額勘定（貸方）￥270,000＝￥5,730,000である．

4．固定資産の売却取引

固定資産を売却する場合の記帳方法は，直接法を採用するか間接法によるかで異なる．また，売却損益の勘定科目についても，統制勘定である固定資産売却損益勘定（固定資産売却損勘定・固定資産売却益勘定）を用いるか否かで異なる．

(1) 固定資産売却損益勘定

① 統制勘定処理法（固定資産売却損勘定〔費用〕・固定資産売却益勘定〔収益〕）

固定資産を売却する場合に，その売却価額が帳簿価額を超える時は，**固定資産売却益**勘定〔収益〕を設けてその貸方に超過額を記入する．また，売却価額が帳簿価額を下回る時は，**固定資産売却損**勘定〔費用〕を設けてその借方に不足額を記入する．

② 多勘定処理法

固定資産を数多く所有している企業では，固定資産の売却処分取引は比較的多く行われる．その場合，統制勘定である固定資産売却損勘定〔費用〕・固定資産売却益勘定〔収益〕を用いた会計処理では，どのような固定資産の売却処分取引か不明瞭である．そこで，具体的な取引内容がわかる勘定科目を用いる会計処理が望ましい．

- 土　　　　地……土地売却損勘定〔費用〕・土地売却益勘定〔収益〕
- 建　　　　物……建物売却損勘定〔費用〕・建物売却益勘定〔収益〕
- 備　　　　品……備品売却損勘定〔費用〕・備品売却益勘定〔収益〕
- 機 械 装 置……機械装置売却損勘定〔費用〕・機械装置売却益勘定〔収益〕
- 車両運搬具……車両運搬具売却損勘定〔費用〕・車両運搬具売却益勘定〔収益〕

(2) 具体的な記帳方法

① 直接法処理による場合

(a) 固定資産売却益が生じる場合〔売却価額＞現在価額（帳簿価額）〕

〔取引例〕

取得原価￥200,000で既償却額￥72,000の備品を￥140,000で売却し，代金は月末に受け取ることとした．

(借方) 未　　収　　金　140,000　　(貸方) 備　　　　　品　128,000
　　　　　　　　　　　　　　　　　　　　　　固定資産売却益　 12,000
　　　　　　　　　　　　　　　　　　　　　（又は備品売却益）

(b) 固定資産売却損が生じる場合〔売却価額＜現在価額（帳簿価額）〕

〔取引例〕

取得原価￥200,000で既償却額￥72,000の備品を￥120,000で売却し，代金は月末に受け取ることとした．

(借方) 未　　収　　金　120,000　　(貸方) 備　　　　　品　128,000
　　　　固定資産売却損　　8,000
　　　（又は備品売却損）

② 間接法処理による場合

(a) 固定資産売却益が生じる場合〔売却価額＞現在価額（帳簿価額）〕

〔取引例〕

取得原価￥1,800,000で既償却額￥950,000の営業用のトラックを￥920,000で売却し，代金は月末に受け取ることとした．

(借方) 減価償却累計額　950,000　　(貸方) 車 両 運 搬 具　1,800,000
　　　　未　　収　　金　920,000　　　　　固定資産売却益　　 70,000
　　　　　　　　　　　　　　　　　　　　（又は車両運搬具売却益）

(b) 固定資産売却損が生じる場合〔売却価額＜現在価額（帳簿価額）〕

〔取引例〕

取得原価¥1,800,000で既償却額¥950,000の営業用のトラックを¥760,000で売却し，代金は月末に受け取ることとした．

(借方) 減価償却累計額　950,000　　　(貸方) 車両運搬具　1,800,000
　　　　未　収　金　　760,000
　　　　固定資産売却損　 90,000
　　　　（又は車両運搬具売却損）

(c) 固定資産の下取りを伴う同時複合取引

〔取引例〕

5年前の期首に取得し，当期末まで使用してきた備品（取得原価¥300,000・残存価額10％・耐用年数9年）を¥130,000で下取りに出し，新機種の備品（取得原価¥360,000・残存価額10％・耐用年数9年）を新たに取得した．差額は翌期首に支払うことにした．

(借方) 減価償却累計額　120,000　　　(貸方) 備　　　品　　300,000
　　　　減 価 償 却 費　 30,000　　　　　　未　払　金　　230,000
　　　　備　　　　品　　360,000
　　　　固定資産売却損　 20,000

《注》減価償却累計額については，過去4年分の減価償却手続きがすでに終了しているので，¥120,000となる．また，5年目については，改めて減価償却費¥30,000を計上しなければならない．

上記の取引は，旧備品の売却と新備品の購入という2つの取引が同時複合的取引として現れただけである．これらをいったん分けて考える．

〔旧備品の売却取引〕

(借方) 減価償却累計額　120,000　　　(貸方) 備　　　品　　300,000
　　　　減 価 償 却 費　 30,000
　　　　未　収　金　　130,000
　　　　固定資産売却損　 20,000

〔新備品の購入取引〕

(借方) 備　　　　品　　360,000　　　(貸方) 未　払　金　　360,000

したがって，新備品の購入による未払金（¥360,000）と旧備品の売却による未収金（¥130,000）との相殺による残額（¥230,000）のみが正味の未払金として計上される．

5．固定資産台帳

　総勘定元帳における固定資産の各勘定では，当該固定資産についての詳細な内容（種類・取得原価・耐用年数・残存価額・減価償却費・用途・所在地など）は，不明確である．そこで，固定資産の種類別に口座を設けて，その内容を詳細に示す補助元帳が必要である．その補助簿が**固定資産台帳**である．固定資産台帳の一例を示せば，次のとおりである．

建　　物

所在地	××県××市　××町××番地	耐用年数	25年
面　積	495㎡	残存価額	取得原価の10%
用　途	事務所	償却方法	定額法

年	月	日	摘　要	取得原価	減価償却費	減価償却累計額	帳簿価額	備考
×1	1	1	購　入	10,000,000			10,000,000	
×1	1	1	仲介手数料	300,000			10,300,000	
×1	1	1	登記料	500,000			10,800,000	
×1	12	31	減価償却		388,800	388,800	10,411,200	
×2	12	31	減価償却		388,800	777,600	10,022,400	
×3	12	31	減価償却		388,800	1,166,400	9,633,600	
×4	12	31	減価償却		388,800	1,555,200	9,244,800	

練習問題26

次の取引を仕訳しなさい．
1．建物のガラスが割れたので，新しいガラス¥1,000を取り付けた．
2．決算にあたって，期首に取得した建物の減価償却を行う．その取得原価は¥5,000,000であり，残存価額は取得原価の10%で，耐用年数は30年とし，定額法を用いた間接法によること．
3．上記の建物を取得日からちょうど5年経過した後に¥4,000,000で売却し，代金は現金で受け取った．なお，減価償却累計額は各自で計算のこと．
4．期首に不用になったパソコン（帳簿価額¥30,000）を¥32,000で売却し，代金は月末に受け取ることとした．ただし，直接法による記帳である．

第10章　営業費・その他の取引

1. 営　業　費

営業費とは，企業の主たる営業活動で生じる費用で，売上原価以外のものをいう．営業活動には，商品の販売活動と一般管理活動とがある．販売活動で生じる費用には，給料・広告料・発送費・旅費などがその例として挙げられるが，販売費と一般管理費は，販売活動と一般管理活動そのものが複雑に関わり合って営業収益を獲得しており，その区別は通常困難とされる．営業費には，上記以外に交通費・通信費・消耗品費・租税公課・水道光熱費・修繕費・保険料・貸倒引当金繰入・減価償却費・支払地代・支払家賃・福利厚生費・雑費等である．

営業費を処理する方法には，次に示すとおり，営業費勘定〔統制（統括）勘定〕を用いない方法と用いる方法とがある．

(1) 多勘定処理法〔営業費勘定を用いない方法〕

多勘定処理法とは，給料・広告料などの費用が発生した時に，営業費勘定を用いないで，その内容を明瞭に示す勘定を設けてその借方に当該金額を記入する方法である．この方法は，営業費の種類がそれほどなく，その金額も決して大きくない企業で用いられる．

〔取引例１〕
　郵便はがき代¥6,200とバス回数券¥8,000を購入し，現金で支払った．
　　(借方) 通　信　費　6,200　　(貸方) 現　　　金　14,200
　　　　　交　通　費　8,000

〔取引例2〕
タクシー代¥6,500とお菓子代¥3,000を購入し,現金で支払った.
(借方) 交 通 費 6,500 (貸方) 現 金 9,500
雑 費 3,000

〔取引例3〕
電話料¥50,000と新聞代¥20,000について,それぞれ小切手を振り出して支払った.
(借方) 通 信 費 50,000 (貸方) 当 座 預 金 70,000
雑 費 20,000

(2) 単一勘定処理法〔営業費を用いる方法〕

多勘定処理法では,総勘定元帳において営業費の各勘定口座が数多く存在するので記帳事務が煩雑となるとともに,営業費の総額を即座に把握することが困難となる.そのような場合には,総勘定元帳に統制勘定として営業費勘定のみを設ける単一勘定処理法を用いることがある.すなわち,給料・広告料などの営業費用が発生した時に,各営業費を一括した営業費勘定の借方に当該金額を記入する処理方法である.

〔取引例1〕
郵便はがき代¥6,200とバス回数券¥8,000を購入し,現金で支払った.
(借方) 営 業 費 14,200 (貸方) 現 金 14,200

〔取引例2〕
タクシー代¥6,500とお菓子代¥3,000を購入し,現金で支払った.
(借方) 営 業 費 9,500 (貸方) 現 金 9,500

〔取引例3〕
電話料¥50,000と新聞代¥20,000について,それぞれ小切手を振り出して支払った.
(借方) 営 業 費 70,000 (貸方) 当 座 預 金 70,000

(3) 営業費内訳帳(営業費明細表)の作成

単一勘定処理法では,営業費勘定のみを用いるために,その明細が不明確である.そこで,その内容を明瞭に示す補助元帳が必要である.この補助簿が**営業費内訳帳(営業費明細表)**である.

〔作成例〕
次の取引を仕訳した上で,営業費内訳表を作成しなさい.

12月3日　帳簿・ボールペン代¥5,000を現金で支払った．
　（借方）営　業　費　5,000　　（貸方）現　　　金　5,000
12月8日　タクシー代¥6,500とお茶代¥1,000を購入し，現金で支払った．
　（借方）営　業　費　7,500　　（貸方）現　　　金　7,500
12月15日　水道料¥7,500と雑誌広告料¥50,000について，小切手を振り出して支払った．
　（借方）営　業　費　57,500　　（貸方）当 座 預 金　57,500

総勘定元帳
営　業　費

12/3	現　　　金	5,000
/8	現　　　金	7,500
/15	当座預金	57,500

営業費内訳帳

交　通　費　　　　　　　　　　　　3

平成○年		摘　要	借　方	貸　方	借又は貸	残　高
12	8	タクシー代（現金）	6,500		借	6,500

広　告　料　　　　　　　　　　　　5

平成○年		摘　要	借　方	貸　方	借又は貸	残　高
12	15	雑誌掲載（小切手）	50,000		借	50,000

消耗品費　　　　　　　　　　　　8

平成○年		摘　要	借　方	貸　方	借又は貸	残　高
12	3	帳簿等（小切手）	5,000		借	5,000

水道光熱費　　　　　　　　　　　12

平成○年		摘　要	借　方	貸　方	借又は貸	残　高
12	15	11月分水道料(小切手)	7,500		借	7,500

雑　　費　　　　　　　　　　　　15

平成○年		摘　要	借　方	貸　方	借又は貸	残　高
12	8	お茶代（現金）	1,000		借	1,000

2．消耗品の処理

(1) 消耗品

消耗品とは，製品の実体を構成するものでなく，生産販売などの活動のために短期間に消費される棚卸資産の1つである．これらには，商品を包装する包装紙などの生産用消耗品や，ノート・鉛筆・消しゴムなどの事務用消耗品などがある．消耗品を購入した場合には，費用の発生として**消耗品費**勘定（費用）で処理するのが一般的である．これを費用勘定処理法という．

(2) 実地棚卸法による繰延べ

決算時における費用の繰延べには，次章における費用前払分の繰延べ以外にも，実地棚卸法に基づく消耗品の未使用分の繰延べがある．**実地棚卸法**とは，期末時において，消耗品の数量を実際に調査することで実際在高を確認する手続きである．ただし，期末の実際在高を資産として繰り延べる場合の処理法には，費用勘定処理法とは別の資産勘定処理法もある．

① 費用勘定処理法（費用→資産）

費用勘定処理法とは，消耗品を購入した時に消耗品費勘定〔費用〕で処理し，期末においてその未使用分がある場合には，その未使用分を消耗品費勘定から**消耗品**勘定〔資産〕の借方に振り替える方法である．一時的に消耗品勘定で次期に繰り越された消耗品は，次期の期首で再び消耗品費勘定に振り戻される．これを**再振替仕訳**という．

〔取引例1〕
　事務用消耗品¥50,000を購入して，代金は現金で支払った．
　　（借方）消 耗 品 費　50,000　　（貸方）現　　　金　50,000
〔取引例2〕
　期末において，消耗品の実地棚卸を行い，未使用分¥12,000を次期に繰り越した．
〔決算整理仕訳〕
　　（借方）消　耗　品　12,000　　（貸方）消 耗 品 費　12,000

消　耗　品		消　耗　品　費	
消耗品費 12,000		現　　金 50,000	消耗品 12,000

〔取引例3〕
　期末に，消耗品費勘定の借方残高を損益勘定に振り替えた．消耗品費勘定の借方残高は，¥38,000であった．〔決算振替仕訳〕
　　（借方）損　　　益　38,000　　（貸方）消 耗 品 費　38,000
〔取引例4〕
　次期の期首において，繰り越された消耗品¥12,000を消耗品費勘定に振り戻した．
〔再振替仕訳〕
　　（借方）消 耗 品 費　12,000　　（貸方）消　耗　品　12,000

消　耗　品　費		消　耗　品	
消 耗 品 12,000		消耗品費 12,000	消耗品費 12,000

② 資産勘定処理法（資産→費用）

　資産勘定処理法とは，消耗品を購入した時に消耗品勘定〔資産〕で処理し，期末における実地棚卸に基づいてその未使用分を確認した上で，当期使用済み分を消耗品勘定から消耗品費勘定〔費用〕に振り替える方法である．この処理では，次期の期首で再振替仕訳を必要としない．

〔取引例1〕
　事務用消耗品¥50,000を購入して，代金は現金で支払った．
　　（借方）消　耗　品　50,000　　（貸方）現　　　金　50,000
〔取引例2〕
　期末において，消耗品の実地棚卸を行い，未使用分¥12,000を次期に繰り越した．
　　（借方）消 耗 品 費　38,000　　（貸方）消　耗　品　38,000

消　耗　品　費		消　耗　品	
消 耗 品 38,000		消耗品費 50,000	消耗品費 38,000

〔取引例3〕
　期末に，消耗品費勘定の借方残高を損益勘定に振り替えた．消耗品費勘定の借方残高は，¥38,000であった．〔決算振替仕訳〕
　　（借方）損　　　益　38,000　　（貸方）消 耗 品 費　38,000

3．営業外費用及び営業外収益

　営業外費用とは，企業の主たる営業活動以外の原因で生じる費用で，非経常的・臨時的損失を除くものである．その主なものは，金銭貸借取引・不動産賃

借取引さらには有価証券売却取引で生じる費用等であり，具体的には支払利息・有価証券売却損・有価証券評価損・手形売却損・雑損等である．

　営業外収益とは，企業の主たる営業活動以外の原因で生じる収益で，非経常的・臨時的収益を除くものである．その主なものは，金銭貸借取引・不動産賃貸取引さらには有価証券売却取引で生じる収益等であり，具体的には受取利息・受取地代・受取家賃・有価証券売却益等である．

《注》営業費として処理してはならないものは，次のとおりである．
- 仕入諸掛……引取費用・運送保険料等（P.70参照）
- 立替費用……先方負担の発送運賃等（P.75参照）
- 付随費用……仲介手数料・据付費用・整地代・登記料等（P.128-130参照）
- 概算払い……旅費の概算払い費用等（P.113参照）
- 家計費……事業主（店主）の生活費等（P.123参照）
- 所得税と住民税……個人企業の所得税と住民税（P.124参照）

練習問題27
次の取引を仕訳しなさい．（単一勘定処理法及び多勘定処理法）
1. 室蘭広告代理店に対し，広告料¥120,000を現金で支払った．
2. 郵便切手とハガキを購入し，代金¥5,000を現金で支払った．
3. 帳簿文房具¥3,000を購入し，代金は小切手を振り出して支払った．
4. 決算にあたり，当期の営業費を損益勘定に振り替えた．

練習問題28
次の取引を仕訳しなさい．（費用勘定処理法）
1. 事務用消耗品¥40,000を購入し，代金は小切手を振り出して支払った．
2. 期末において，事務用消耗品の未消費高が¥8,000あった．
3. 翌期首において，再振替仕訳を行った．

練習問題29
次の取引を仕訳しなさい．（資産勘定処理法）
1. 事務用消耗品¥30,000を購入し，代金は現金で支払った．
2. 期末において，事務用消耗品の未消費高が¥6,000あった．

第11章　伝票会計

1．伝票制度のしくみ

　これまで，個々の取引を勘定科目別・貸借別に分類して記録する方法を示してきた．しかし，企業の規模が増大し，取引量が増すにつれて，この記帳処理法では，記帳事務が煩雑になり，また記帳上の誤りが増えてくる．そのため，各部署で帳簿を分担して記録する分課制度を設けている企業では，記帳事務の簡素化・記入ミスの防止のために，仕訳帳の代わりに伝票を用いる記帳処理が行われる．また，各部署に取引発生の事実を知らせる手段としても利用する．

　このような記帳処理の仕組みを**伝票制度**という．この場合の**伝票**とは，領収書等のような証憑に基づいて，一定の様式で取引内容を記載する紙片である．また，取引内容を伝票に記載することを**起票**という．

　したがって，伝票制度の仕組みを示せば，次のとおりである．

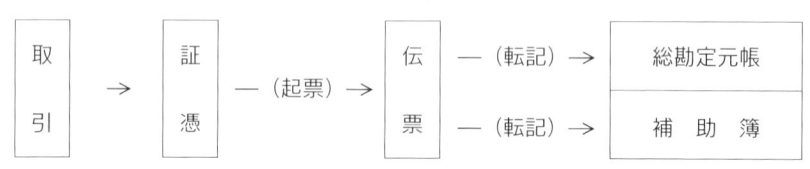

取引 → 証憑 ―（起票）→ 伝票 ―（転記）→ 総勘定元帳
　　　　　　　　　　　　　　 ―（転記）→ 補助簿

《注》証憑とは，取引事実を証明して取引内容を示す書類である．この証憑には，注文書・納品書・請求書・領収書等がある．

2．伝票の種類

　伝票には，仕訳伝票・入金伝票・出金伝票・仕入伝票・売上伝票・振替伝票などがあり，企業の規模・形態・業種により，用いる伝票の種類も異なる．伝

票制度と伝票の種類との関係を示せば，次のとおりである．

① 一伝票制──仕訳伝票（すべての取引）→仕訳集計表→総勘定元帳
② 三伝票制─┬─入金伝票（現金の増加取引）
　　　　　　├─出金伝票（現金の減少取引）→仕訳集計表→総勘定元帳
　　　　　　└─振替伝票（上記以外の取引）
③ 五伝票制─┬─入金伝票（現金の増加取引）
　　　　　　├─出金伝票（現金の減少取引）
　　　　　　├─仕入伝票（仕入取引〔掛け〕）→仕訳集計表→総勘定元帳
　　　　　　├─売上伝票（売上取引〔掛け〕）
　　　　　　└─振替伝票（上記以外の取引）

(1) 一伝票制

仕訳伝票は，すべての取引を取引ごとに仕訳の形式で記入する伝票である．この仕訳伝票を日付順に綴り合わせれば，仕訳帳の代わりとなり，取引内容は仕訳伝票から総勘定元帳の各勘定口座に転記される．**一伝票制**とは，この仕訳伝票のみを用いて記帳処理する方法をいう．簿記上の取引すべてが，この仕訳伝票に記入される．

〔起票例〕

3月12日，岐阜商店に次の商品を販売し，代金のうち¥60,000は同店振出しの小切手（#27）で受け取り，残額は掛けとした．（伝票No. 25）

　商品の内容：スキー板10セット　＠¥30,000　合計¥300,000
　（借方）現　　金　 60,000　（貸方）売　　　上　300,000
　　　　　売 掛 金　240,000

\multicolumn{2}{}{仕訳伝票No. 25}			
\multicolumn{2}{}{　平成○年3月12日}			
金　　額	借方科目	摘　　要	貸方科目	金　　額
60,000	現　　金	岐阜商店へスキー板販売	売　　上	300,000
240,000	売掛金	（10セット×＠¥30,000）		
300,000		合　　　計		300,000

(2) 三伝票制

すべての取引は，現金収支の観点から入金取引，出金取引，それ以外の取引の3つに分けられる．その場合，入金取引は入金伝票に記入され，出金取引は出金伝票にされる．それ以外の取引は振替伝票に記入される．それぞれの取引内容は3種類の伝票から元帳の各勘定に転記される．**三伝票制**とは，入金伝票・出金伝票・振替伝票の3種類を用いて記帳処理する方法をいう．日商簿記検定3級では，三伝票制が出題される可能性が高い．

〔起票例1：入金伝票（伝票No. 16）〕

4月26日　大垣商店に次の商品を販売し，代金は現金で受け取った．
商品の内容：野球バット5ダース　＠¥48,000　　合計¥240,000
（借方）現　　金　240,000　（貸方）売　　上　240,000

入金伝票No. 16				
平成○年4月26日				
科　目	売　上	取引先	大垣商店	
摘　　要			金　額	
野球バットの売上げ			240,000	
合　　計			240,000	

〔起票例2：出金伝票（伝票No. 18）〕

5月31日　滋賀商店に対する5月分の買掛金¥150,000を現金で支払った．
（借方）買　掛　金　150,000　（貸方）現　　金　150,000

出金伝票No. 18				
平成○年5月31日				
科　目	買掛金	取引先	滋賀商店	
摘　　要			金　額	
掛け代金の支払い			150,000	
合　　計			150,000	

〔起票例3：振替伝票（伝票No. 55）〕
6月10日　京都商店からの次の商品を仕入れ，代金は掛けとした．
　　　　商品の内容：花器50個　　＠￥1,500　　合計￥75,000
　（借方）仕　　　　入　75,000　　（貸方）買　掛　金　75,000

振替伝票No. 55						
平成〇年6月10日						
金　　額	借方科目	摘　　要		貸方科目	金　　額	
75,000	仕　入	京都商店より花器購入		買掛金	75,000	
		（50個×￥1,500）				
75,000	合　　　　計				75,000	

　振替伝票には，一伝票制で示した仕訳伝票と同じ形式のものと，次に示す改良型のものとがある．

〔切り離し式〕

No. 56	振　替　伝　票		（借方）
平成〇年8月23日			
勘　定　科　目	丁数	金　　額	
仕　　入		90,000	

No. 56	振　替　伝　票		（貸方）
平成〇年8月23日			
勘　定　科　目	丁数	金　　額	
買　掛　金		90,000	

　こうした三伝票制で問題となるのは，一部振替取引の起票方法である．そもそも，振替伝票に起票する振替取引には，全部振替取引と一部振替取引とがある．**全部振替取引**とは，1つの取引が現金の増加・減少を全く伴わない取引であり，**一部振替取引**とは1つの取引が一部現金の増加・減少を伴う取引である．その場合の起票の方法には，単純に借方項目の仕入を二分して起票する方法である**単純分割起票法**と，いったん全額掛け取引を行ったと仮定して起票する方法である**掛取引経由起票法**とがある．

〔起票例4〕

5月25日 岡山商店より商品（原価¥300,000）を仕入れ，代金のうち¥200,000を現金で支払い，残額は掛けとした．

　（借方）仕　　　入　300,000　　（貸方）現　　　金　200,000
　　　　　　　　　　　　　　　　　　　　　買　掛　金　100,000

通常の仕訳を行えば，上記のとおりとなる．しかし，このままでは伝票に記入できない．そこで，借方側の仕入を単純に分割する方法を示す．

〔単純分割起票法の場合〕

　（借方）仕　　　入　200,000　　（貸方）現　　　金　200,000　……①
　（借方）仕　　　入　100,000　　（貸方）買　掛　金　100,000　……②

出金伝票No.18					
平成○年5月25日					
科　目	仕　入	取　引　先	岡　山　商　店		
摘　　要			金　　額		
商品購入の支払い			200,000		
合　　計			200,000		

《注》①は出金取引となるので，出金伝票に記入される．②は振替取引となるので，振替伝票に記入される．

振替伝票No.55					
平成○年5月25日					
金　額	借方科目	摘　　要	貸方科目	金　額	
100,000	仕　入	岡山商店より商品購入	買掛金	100,000	
100,000	合　　計			100,000	

また，仕入の相手勘定科目を買掛金とすることで，全額を掛け取引にした上で，現金支払い分は買掛金の支払いとする方法（掛取引経由記票法）もある．

〔掛取引経由起票法の場合〕
(借方) 仕　　　入　300,000　　(貸方) 買　掛　金　300,000　……①
(借方) 買　掛　金　200,000　　(貸方) 現　　　金　200,000　……②

振替伝票No. 55					
平成○年5月25日					
金　額	借方科目	摘　　要	貸方科目	金　額	
300,000	仕　入	岡山商店より商品購入	買掛金	300,000	
300,000		合　　計		300,000	

出金伝票No. 18				
平成○年5月25日				
科　目	買　掛　金	取　引　先	岡　山　商　店	
摘　　　要			金　額	
掛け代金の支払い			200,000	
合　　計			200,000	

《注》①は振替取引であるから，振替伝票に記入される．②は出金取引であるから，出金伝票に記入される．

3．総勘定元帳への転記

(1) 個別転記

　企業の規模・形態・業種によって，用いる伝票制も異なり，また取引量も異なってくる．取引量がそれほど多くない企業では，取引が発生すると，その担当者が関連伝票を記入した上で伝票に捺印し，次の部署に当該伝票を回す．

　このように，取引量が多くなければ，発生した取引に基づいて起票し，そのつど当該取引に関連する帳簿に個別転記を行っても，それほど記帳上の誤りや事務処理上の煩雑さを伴わない．

(2) 合計転記

企業の規模・形態・業種にもよるが，取引量が多い企業では取引ごとに作成する伝票も多く，関連帳簿にそのつど個別転記したのでは転記の数が多くなるので，記帳上の誤りや事務処理上の煩雑さを避けられない．

そこで，1日・1週間・10日間あるいは1カ月ごとに伝票をまとめて，勘定科目ごとに金額を集計して，その結果を集計表にまとめ上げる．その場合，集計表の借方合計と貸方合計とが一致していることを確認する．その上で，その集計表から総勘定元帳の各勘定口座に合計転記を行う．こうした集計表を**仕訳集計表**（又は**仕訳集計票**）という．仕訳集計表には，**仕訳日計表**（1日分の伝票を集計したもの）・**仕訳週計表**（1週間分をまとめて集計したもの）・**仕訳旬計表**（10日間分をまとめて集計したもの），さらには**仕訳月計表**（1カ月分をまとめて集計したもの）がある．

〔仕訳日計表の作成例〕

岡山商店の3月1日の入金伝票・出金伝票及び振替伝票に基づいて，仕訳日計表の作成を示しなさい．

```
入金伝票No. 93          出金伝票No. 111         振替伝票No. 99
  売掛金 40,000           消耗品費 40,000          買掛金 50,000
                                                   支払手形 50,000

  入金伝票No. 94          出金伝票No. 112         振替伝票No. 100
    売 上 60,000            買掛金 60,000           受取手形 80,000
                                                     売掛金 80,000

    入金伝票No. 95          出金伝票No. 113         振替伝票No. 101
      資本金 80,000           支払手形 50,000          備 品 100,000
                                                       未払金 100,000

      入金伝票No. 96          出金伝票No. 114         振替伝票No. 102
        受取利息 2,000          買掛金 30,000           仕 入 60,000
                                                         受取手形 60,000
```

仕 訳 日 計 表
平成○年3月1日　　　　　　　　　　12

借　方	元丁	勘定科目	元丁	貸　方
182,000		現　　金		180,000
80,000		受取手形		60,000
		売掛金		120,000
100,000		備　　品		
50,000		支払手形		50,000
140,000		買掛金		
		未払金		100,000
		資本金		80,000
		売　　上		60,000
		受取利息		2,000
60,000		仕　　入		
40,000		消耗品費		
652,000				652,000

練習問題30

次の3枚の伝票に基づいて、仕訳帳に記入しなさい。

```
┌─────────────┐  ┌─────────────┐  ┌─────────────┐
│  入 金 伝 票  │  │  出 金 伝 票  │  │  振 替 伝 票  │
│ 平成○年7月6日 │  │ 平成○年7月6日 │  │ 平成○年7月6日 │
│（売掛金）50,000│  │（仕 入）100,000│  │（備品） 20,000│
│             │  │             │  │（未払金）20,000│
└─────────────┘  └─────────────┘  └─────────────┘
```

《注》ただし、小書きは不要である。

仕　訳　帳　　　　　　　　　　　　　　5

平成○年		摘　要	元丁	借　方	貸　方
7	6	前ページ繰越		658,000	658,000

練習問題31

商品を販売し，代金￥350,000のうち￥100,000を現金で受け取り，残額を掛けとした取引について，出金伝票を（A）のように作成した場合と（B）のように作成した場合のそれぞれについて，振替伝票の記入を示しなさい．

(A)

入　金　伝　票
平成○年7月9日
（売　　上）　100,000

(A)

振　替　伝　票			
借方科目	金　額	貸方科目	金　額
売掛金	250,000	売上	250,000

(B)

入　金　伝　票
平成○年7月9日
（売掛金）　100,000

(B)

振　替　伝　票			
借方科目	金　額	貸方科目	金　額
売掛金	350,000	売上	350,000

練習問題32

次の2枚の伝票は，ある1つの取引について作成されたものである．これらの伝票から取引を推定して，その取引を仕訳しなさい．

振　替　伝　票			
借方科目	金　額	貸方科目	金　額
仕　入	210,000	買掛金	210,000

出　金　伝　票
平成○年7月6日
（買掛金）　70,000

仕訳：（借）仕　入　210,000　　（貸）買掛金　140,000
　　　　　　　　　　　　　　　　　　　現　金　 70,000

第12章　経過勘定項目

1．経過勘定項目

経過勘定項目とは，継続的な役務提供がなされている場合に，適正な期間損益計算を行うために決算時点で生じる経過的（一時的）な勘定項目である．これには，未収収益・未払費用・前受収益・前払費用の4つがある．仕訳を行う場合には，未収利息・前受手数料・未払給料・前払保険料などのように，具体的な内容を示す勘定科目を使用する．

2．費用の見越し・繰延べ

(1) 費用の見越し

費用の見越しとは，継続的な役務提供がなされている場合で，すでに当期の費用として発生しているが，期末時点でまだ支払っていない時に，その未払額を当期の費用として計上することをいう．この未払費用は，すでに費用として発生しているので，将来の一定期日に支払わなければならない義務（負債）を意味する．

〔取引例1〕
　期末において，当期分の未払利息（4カ月分）¥8,000を計上した．ただし，期中においてすでに利息8カ月分¥16,000を現金で支払っている．〔決算整理仕訳〕
　（借方）支 払 利 息　 8,000　　（貸方）未 払 利 息　 8,000

支　払　利　息		未　払　利　息	
現　　金　16,000			支払利息　8,000
未払利息　 8,000			

〔取引例 2〕
　期末に，支払利息勘定の借方残高を損益勘定に振り替えた．支払利息勘定の借方残高は，¥24,000であった．〔決算振替仕訳〕
　　（借方）損　　　　益　24,000　　（貸方）支 払 利 息　24,000
　なお，未払利息は次期の利息（費用）とともに次期に支払うので，支払った額すべてを次期の支払利息とすれば，次期の費用はそれだけ多く計上されることになる．そのため，次の処理（再振替仕訳）を次期の期首に行うことで，あらかじめその分だけ減額させておく．この処理により，次期に利息を支払った時点で，支払利息勘定は次期の正しい費用を示すことになる．

〔取引例 3〕
　次期の期首において，前頁の未払利息の再振替仕訳を行った．
　　（借方）未 払 利 息　8,000　　（貸方）支 払 利 息　8,000

支　払　利　息		未　払　利　息	
	未払利息　8,000	支払利息　8,000	前期繰越　8,000

(2)　**費用の繰延べ**

　費用の繰延べとは，継続的な役務提供がなされている場合で，すでに当期中に支払っているが，いまだ費用として発生していない時に，その前払額を次期以降の費用として繰り延べることをいう．この前払費用は，いまだ役務の提供を受けていないので，将来の一定期日に役務の提供を受ける権利（資産）を意味する．

〔取引例 1〕
　決算時に，保険料のうち前払分（4カ月分）¥80,000を次期に繰り延べた．ただし，期中においてすでに保険料16カ月分¥320,000を現金で支払っている．〔決算整理仕訳〕
　　（借方）前払保険料　80,000　　（貸方）保　険　料　80,000

前払保険料		保　険　料	
保　険　料　80,000		現　金　320,000	前払保険料　80,000

〔取引例 2〕
　期末に，保険料勘定の借方残高を損益勘定に振り替えた．保険料勘定の借方残高は，¥240,000であった．〔決算振替仕訳〕
　　（借方）損　　　　益　240,000　　（貸方）保　険　料　240,000
　なお，前払保険料は次期で負担すべき費用であるから，次期の期首に再び費

用に振り戻す処理をしておく．したがって，この処理（再振替仕訳）により，次期に支払われる額すべてを保険料とした時点で，保険料勘定は次期の正しい費用を示すことになる．

〔取引例3〕
次期の期首において，前頁の前払保険料の再振替仕訳を行った．
（借方）保　険　料　80,000　　（貸方）前払保険料　80,000

保　険　料	前払保険料
前払保険料 80,000	前期繰越 80,000　保　険　料 80,000

3．収益の見越し・繰延べ

(1)　収益の見越し

収益の見越しとは，継続的な役務提供がなされている場合で，すでに当期の収益として発生しているが，期末時点でまだ受け取っていない時に，その未収額を当期の収益として計上することをいう．この未収収益は，すでに収益として発生しているので，受け取る権利（資産）を意味する．

〔取引例1〕
期末において，当期分の未収手数料¥30,000（3カ月分）を計上した．ただし，期中においてすでに手数料9カ月分¥90,000を現金で受け取っている．〔決算整理仕訳〕
（借方）未収手数料　30,000　　（貸方）受取手数料　30,000

未収手数料	受取手数料
受取手数料 30,000	現　　金 90,000 未収手数料 30,000

〔取引例2〕
期末に，受取手数料勘定の貸方残高を損益勘定に振り替えた．受取手数料勘定の貸方残高は，¥120,000であった．〔決算振替仕訳〕
（借方）受取手数料　120,000　　（貸方）損　　　益　120,000

なお，未収手数料は次期の手数料（収益）とともに次期に受け取るので，受取額すべてを次期の受取手数料とすれば，次期の収益はそれだけ多く計上されることになる．そのため，次の処理（再振替仕訳）を次期の期首に行うことで，あらかじめその分だけ減額させておく．この処理により，次期に手数料を受け取った時に，受取手数料勘定は次期の正しい収益を示すことになる．

〔取引例3〕
次期の期首において，前頁の未収手数料の再振替仕訳を行った．
　（借方）受取手数料　30,000　（貸方）未収手数料　30,000

受取手数料		未収手数料	
未収手数料 30,000		前期繰越 30,000	受取手数料 30,000

(2) 収益の繰延べ

収益の繰延べとは，継続的な役務提供がなされている場合で，すでに当期中に受け取っているが，いまだ収益として発生していない時に，その前受額を次期以降の収益として繰り延べることをいう．この前受収益は，いまだ役務の提供を行っていないので，将来の一定期日に役務の提供をしなければならない義務を意味する．

〔取引例1〕
決算時に，受取家賃のうち前受分（3カ月分）¥90,000を次期に繰り延べた．ただし，期中においてすでに受取家賃15カ月分¥450,000を現金で受け取っている．〔決算整理仕訳〕
　（借方）受 取 家 賃　90,000　（貸方）前 受 家 賃　90,000

受 取 家 賃		前 受 家 賃	
前受家賃 90,000	現　金 450,000		受取家賃 90,000

〔取引例2〕
期末に，受取家賃勘定の貸方残高を損益勘定に振り替えた．受取家賃勘定の貸方残高は，¥360,000であった．〔決算振替仕訳〕
　（借方）受 取 家 賃　360,000　（貸方）損　　　益　360,000

なお，前受家賃は，次期の収益として計上すべきものであるから，次期の期首に再び収益に振り戻す処理をしておく．したがって，この処理（再振替仕訳）により，次期に受け取った額を受取家賃とした時に，受取家賃勘定は次期の正しい収益を示すことになる．

〔取引例3〕
次期の期首において，上記の前受家賃の再振替仕訳を行った．
　（借方）前 受 家 賃　90,000　（貸方）受 取 家 賃　90,000

前 受 家 賃		受 取 家 賃	
受取家賃 90,000	受取家賃 90,000		前受家賃 90,000

練習問題33

次の取引を仕訳しなさい．なお，当店の決算日は12月末日で，会計期間は1年である．

1. 岐阜商店に対して，年利3％・利払い日毎年3月末と9月末の年2回とし，¥500,000を貸し付けている．期末において，利息の未収分を計上する．
2. 6月末日に羽島保険株式会社と保険契約を締結し，保険料¥240,000（2年分）を一括して支払っている．期末において，保険料の前払分を計上する．
3. 10月末日に京都商店と土地の賃貸借契約を締結し，地代¥60,000（6カ月分）を受け取っている．期末において，地代の前受分を計上する．
4. 滋賀商店に対して，年利4％・利払い日毎年3月末と9月末の年2回とし，¥300,000を借り入れている．期末において，利息の未払分を計上する．
5. ①3月1日　保険料¥36,000（3年分）について，小切手を振り出して支払う．
　②12月31日　決算にあたり，保険料の前払分を繰り越すとともに，当期の費用分を損益勘定に振り替える．
　③1月1日　期首に保険料の前払分について，再振替仕訳を行う．
6. ①7月1日　継続的な役務提供契約を締結し，販売代行を行うことにする．なお，手数料は，年1回6月末に受け取るものとする．
　②12月31日　決算にあたり，手数料の未収分（¥9,000）を計上するとともに，当期の収益分を損益勘定に振り替える．
　③1月1日　期首に手数料の未収分について，再振替仕訳を行う．
7. ①8月31日　借入金に対する利息6カ月分¥18,000について，小切手を振り出して支払う．なお，借り入れた日は，3月1日である．
　②12月31日　決算にあたり，利息の未払分（4カ月分）を計上するとともに，当期の費用分を損益勘定に振り替える．
　③1月1日　期首に利息の未払分について，再振替仕訳を行う．
8. ①9月1日　家賃半年分¥300,000を前もって現金で受け取る．
　②12月31日　決算にあたり，家賃の前受分を計上するとともに，当期の収益分を損益勘定に振り替える．
　③1月1日　期首に家賃の前受分について，再振替仕訳を行う．

第Ⅲ部　決算と財務諸表

第1章　決算手続き

1．簿記一巡の手続き

　簿記一巡の手続きは，日常的手続きと期末決算時点での決算手続きに分けられる．前者の日常的手続きでは，期中において発生するさまざまな簿記上の取引を仕訳帳に仕訳し，その結果を総勘定元帳に転記することである．後者は，日常的記録に期末時点で必要とされる修正を加えて，精算表を作成するとともに，帳簿を締め切る．その上で，企業の経済活動及び経済事象に基づいた一定時点の財政状態と一定期間の経営成績を明らかにするために，貸借対照表と損益計算書を作成することである．この一連の手続きが**決算手続き**である．

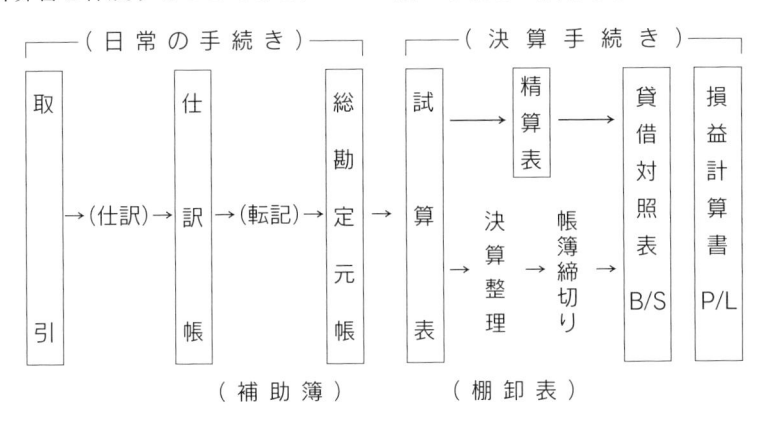

```
────（日常の手続き）────   ────（決算手続き）────
┌──┐    ┌──┐    ┌────┐   ┌──┐  ┌──┐      ┌────┐ ┌────┐
│取│    │仕│    │総勘│   │試│  │精算│      │貸借│ │損益│
│  │→(仕訳)→│訳│→(転記)→│定元│ →│算│→│表  │→     │対照│ │計算│
│引│    │帳│    │帳  │   │表│  │決算│→帳簿→│表   │ │書  │
└──┘    └──┘    └────┘   └──┘  │整理│ 締切り│B/S │ │P/L │
                                        └────┘      └────┘ └────┘
                    （補助簿）       （棚卸表）
```

2．決算の具体的手続き

　決算手続きは，大別して，①決算予備手続き，②決算本手続き〔Ⅰ〕（帳簿

決算)及び③決算本手続き〔Ⅱ〕(財務諸表の作成)に分類される.

決算予備手続きとは，決算本手続きを行うにあたって必要とされる準備である．具体的には，(a)総勘定元帳における記録の正確性を確認する試算表を作成する．(b)帳簿と実際とを突合するための棚卸表を作成し，期中の記録を修正する決算整理を行う．(c)企業の財政状態及び経営成績を概観する精算表を作成する．

① 決算予備手続き $\begin{cases} \text{(a)試算表の作成} \\ \text{(b)決算整理と棚卸表の作成} \\ \text{(c)精算表の作成} \end{cases}$

決算本手続きとは，(a)決算整理仕訳・決算振替仕訳を行った後の総勘定元帳を締切る．(b)貸借対照表に記載すべき勘定科目の正確性を確認するために，繰越試算表を作成する．(c)決算整理仕訳・決算振替仕訳を行った後の仕訳帳を締め切るとともに，補助簿も締め切る．

② 決算本手続き $\begin{cases} \text{(a)元帳の締切り} \\ \text{(b)繰越試算表の作成} \\ \text{(c)仕訳帳と補助簿の締切り} \end{cases}$

上記に基づいて，企業活動概況としての財務諸表を作成する．具体的には，(a)財政状態を明らかにするために，貸借対照表を作成する．(b)期間的経営成績を明らかにするために，損益計算書を作成する．(c)キャッシュの流れ及び現金創出力などを明らかにするために，キャッシュ・フロー計算書を作成する．

③ 財務諸表の作成 $\begin{cases} \text{(a)貸借対照表の作成} \\ \text{(b)損益計算書の作成} \\ \text{(c)キャッシュ・フロー計算書の作成} \end{cases}$

貸借対照表や損益計算書については，すでに第Ⅰ部第2章で取り上げている．**キャッシュ・フロー計算書**とは，資金概念を現金及び現金同等物に限定したもので，① 企業の現金創出力を評価し，② 支払義務に応じる能力，配当支払能力，及び外部資金調達の必要性を評価し，③ 純利益と関連する収支のズレの理由を評価し，④ 当該期間中の現金及び非現金の投資及び財務活動が企業の財政状態に及ぼす影響を評価することを目的とした第3の財務諸表である．

第2章　決算予備手続き

　決算予備手続きでは，まず，①試算表を作成することで，総勘定元帳などへの期中処理の正確性を確認する．次に，②棚卸表を作成することで，企業財産の実際有高を確認し，決算整理仕訳を通して期中処理の修正を行う．最後に，③決算整理後の総勘定元帳に基づいて精算表を作成する．

1．試算表の作成

　総勘定元帳に基づいて作成される財務諸表が正確であるためには，仕訳帳や総勘定元帳は正しく記帳されていなければならない．そのためには，すべての取引が正しく仕訳帳に仕訳され，総勘定元帳に転記されていることが前提となる．

　試算表の作成は，総勘定元帳への転記が正確に行われているかどうかを検証するためのものである．また，試算表を作成形式から分類すれば，合計試算表・残高試算表・合計残高試算表となる．さらに，試算表を作成時期から分類すれば，月次試算表・期末試算表（年次試算表）となる．

　なお，試算表の作成では，貸借が一致していなければ，帳簿記入に誤りがあることはまちがいない．しかしながら，貸借が一致しても仕訳及び転記が正しいとは限らない．次の場合にも，試算表の貸借は一致しているので，試算表の検証能力に一定の限界があることも理解しなければならない．

〔試算表の限界（＝検証不能）〕
・ある勘定の借方に記入すべきところを別の勘定の借方に記入した場合
・ある勘定の貸方に記入すべきところを別の勘定の貸方に記入した場合
・1つの取引を貸借逆に仕訳あるいは転記した場合

- 1つの取引を二重に転記した場合
- 仕訳・転記すべきところをまったくしなかった場合
- 2つ以上の誤りが相殺された場合　　　　　　　　　など

〔合計残高試算表の作成例〕

現　　金	1
200,000	350,000
180,000	200,000
350,000	36,000
50,000	48,200
	3,800

受取手形	2
150,000	150,000
100,000	

売掛金	3
250,000	150,000
200,000	100,000

繰越商品	4
100,000	

貸付金	5
100,000	

土　　地	6
800,000	

建　　物	7
300,000	

備　　品	8
150,000	

買掛金	9
100,000	100,000
	50,000

支払手形	10
100,000	100,000
	100,000

借入金	11
	200,000

資本金	12
	1,500,000

売　　上	13
5,000	150,000
	300,000
	250,000

受取手数料	14
	30,000

受取家賃	15
	50,000

仕　　入	16
200,000	5,000
100,000	
150,000	

給　　料	17
120,000	

広 告 料 18	保 険 料 19
50,000	36,000
30,000	

交 通 費 20	発 送 費 21
24,800	3,200

通 信 費 22	消 耗 品 費 23
3,500	3,500
4,000	2,000

雑 費 24	支 払 利 息 25
3,800	7,200

合計残高試算表
平成○年12月31日

借方		元丁	勘定科目	貸方	
残高	合計			合計	残高
142,000	780,000	1	現　　金	638,000	
100,000	250,000	2	受取手形	150,000	
200,000	450,000	3	売掛金	250,000	
100,000	100,000	4	繰越商品		
100,000	100,000	5	貸付金		
800,000	800,000	6	土　　地		
300,000	300,000	7	建　　物		
150,000	150,000	8	備　　品		
	100,000	9	買掛金	150,000	50,000
	100,000	10	支払手形	200,000	100,000
		11	借入金	200,000	200,000
		12	資本金	1,500,000	1,500,000
	5,000	13	売　　上	700,000	695,000
		14	受取手数料	30,000	30,000
		15	受取家賃	50,000	50,000
445,000	450,000	16	仕　　入	5,000	
120,000	120,000	17	給　　料		
80,000	80,000	18	広告料		
36,000	36,000	19	保険料		
24,800	24,800	20	交通費		
3,200	3,200	21	発送費		
7,500	7,500	22	通信費		
5,500	5,500	23	消耗品費		
3,800	3,800	24	雑　　費		
7,200	7,200	25	支払利息		
2,625,000	3,873,000			3,873,000	2,625,000

2．決算整理

　期末に作成される財務諸表は，期中の取引の結果のみで行われるものではない．期中の取引を記録した総勘定元帳の諸勘定の残高は，必ずしも実際有高を

示しているとは限らない．決算を行うにあたっては，資産・負債の諸勘定の残高がその実際有高を正しく示すように，また費用・収益の諸勘定がその発生額を正しく示すようにしなければならない．このような手続きを決算整理という．また，決算整理に必要な記入を**決算整理記入**といい，そのための仕訳を**決算整理仕訳**という．この決算整理仕訳は，棚卸表の記載内容に基づいて行われる．

決算整理に関する事項は，次のとおりである．

決算整理事項
① 現金過不足の整理
② 売上原価の算定と繰越商品の整理
③ 貸倒引当金の設定
④ 仮払金・仮受金の整理
⑤ 売買目的有価証券の評価替え
⑥ 引出金の整理
⑦ 固定資産の減価償却
⑧ 費用・収益の見越し・繰延べ
⑨ 消耗品の繰延べ　　　　　　　　　　など

3．棚卸表の作成

棚卸表とは，決算整理を必要とする事項を実地調査して分類整理した一覧表である．決算に際して，総勘定元帳の各勘定記入を期末決算時点での事実に基づいて正しく修正するために，実際と帳簿のズレを確認する必要がある．こうした決算修正事項の内容が棚卸表に記載される．したがって，決算整理仕訳は，この棚卸表の記載事項に基づいて行われる．決算整理事項があまり多くない場合や簡単な場合には，棚卸表の作成を省略することもある．

(1) **棚卸表の作成例**

棚卸表を作成すれば，次のとおりである．

棚　卸　表

平成○年12月31日

勘定科目	摘　　　要	内　訳	金　額
繰越商品	学生服　　＠¥30,000×15着	450,000	
	セーラー服　＠¥20,000×30着	600,000	1,050,000
受取手形	期末勘定残高　　¥300,000		
売掛金	期末勘定残高　　¥250,000	550,000	
	貸倒見積額　上記合計額の3%	16,500	533,500
売買目的有価証券	関西会社株式（無額面株式）		
	10株　　＠¥60,000	600,000	
	評価益　＠¥15,000	150,000	750,000
車両運搬具	帳簿価額（取得原価）	1,500,000	
	減価償却累計額　¥450,000		
	当期減価償却額　¥150,000	600,000	900,000
消耗品	当期未消費額（内訳省略）		18,600
前払保険料	未経過分3ヵ月		6,000
未払地代	未経過分2ヵ月		9,000
前受家賃	未経過分4ヵ月		160,000

《注》棚卸表には資産や負債が記載されているので，合計額を示す必要がない．

〔決算整理仕訳〕

・繰越商品
　　（借方）仕　　　入　　　×××　　　（貸方）繰越商品　　　×××
　　（借方）繰越商品　1,050,000　　　（貸方）仕　　　入　1,050,000
・受取手形
　　（借方）貸倒引当金繰入　　9,000　　　（貸方）貸倒引当金　　9,000
・売掛金
　　（借方）貸倒引当金繰入　　7,500　　　（貸方）貸倒引当金　　7,500
・有価証券
　　（借方）売買目的有価証券　150,000　　　（貸方）有価証券評価益　150,000
・車両運搬具
　　（借方）減価償却費　150,000　　　（貸方）減価償却累計額　150,000
・消耗品
　　（借方）消　耗　品　　18,600　　　（貸方）消耗品費　　18,600
・前払保険料
　　（借方）前払保険料　　6,000　　　（貸方）保　　険　　料　　6,000
・未払地代
　　（借方）支　払　地　代　　9,000　　　（貸方）未払地代　　9,000

・前受家賃
　　（借方）受 取 家 賃　　　　160,000　　（貸方）前 受 家 賃　　　160,000

《注》① 受取手形及び売掛金に対する貸倒引当金の設定額は，期末貸倒引当金残高がゼロであったので，全額設定すること．
　　　② 消耗品の処理は，購入時に消耗品費勘定（費用勘定処理）で記帳しているので，消耗品の未消費額を資産として処理すること．

(2) 決算整理事項の具体的内容

　ここでは，商品売買業で最も重要とされる①売上原価の算定と繰越商品の整理を中心に取り上げる．

　商品の実際残高を確認するために，手許商品を実地調査する必要がある．これを**実地棚卸**といい，帳簿有高を確認する**帳簿棚卸**と区別される．売上原価を算定するための処理は，次のとおりである．

〔分記法〕
　この方法では，商品を販売するつど，その原価と商品売買益は別々の勘定で記帳されるので，元帳の勘定で売上原価と商品売買益は直接に把握できる．したがって，決算整理仕訳を行う必要はない．

〔総記法〕
　この方法では，商品を販売するつど，その売価は商品勘定の貸方に記帳されるので，次の計算式で商品売買益を計算して，その金額を商品勘定から損益勘定に振り替えなければならない．その結果，商品勘定は期末商品棚卸高を示すことになる．

〔3分法（3分割法）〕
　この方法では，商品を販売するつど，その原価と商品売買益は別々には記帳されないで一括して売上勘定に記帳するために，期末にあらためて売上原価を算定しなければならない．期末の処理は次のとおりである．

① 仕入勘定によって売上原価を算定する場合の決算整理仕訳
　・繰越商品勘定の金額（期首商品棚卸高）を仕入勘定の借方に振り替える．
　　　（借方）仕　　　入　　×××　　（貸方）繰越商品　　×××
　・期末商品棚卸高を仕入勘定から繰越商品勘定の借方に振り替える．
　　　（借方）繰越商品　　×××　　（貸方）仕　　　入　　×××

〔勘定記入例〕

繰 越 商 品		仕　　　　入	
1/1 前繰 50,000		××× 480,000	

　　　　　　　　＊期末商品棚卸高 ¥60,000

〔計算式〕

　　　売上原価　＝　期首商品棚卸高　＋　当期純仕入高　－　期末商品棚卸高
　　　¥470,000　　　¥50,000　　　　　¥480,000　　　　　¥60,000

〔決算整理仕訳〕

　・（借方）仕　　入　50,000　　（貸方）繰越商品　50,000
　・（借方）繰越商品　60,000　　（貸方）仕　　入　60,000

繰 越 商 品		仕　　　　入	
1/1 前繰 50,000	12/31 仕入 50,000	××× 480,000	12/31 繰商 60,000
12/31 仕入 60,000		12/31 繰商 50,000	

〔決算振替仕訳〕

　・上記の結果としての仕入勘定は売上原価を示すので，仕入勘定から損益勘定の借方に振り替える．
　　　（借方）損　　益　×××　　（貸方）仕　　入　×××

　・売上勘定の貸方残高は当期純売上高を示すので，売上勘定から損益勘定の貸方に振り替える．
　　　（借方）売　　上　×××　　（貸方）損　　益　×××

② 売上原価勘定によって売上原価を算定する場合の決算整理仕訳

　・繰越商品勘定の金額（期首商品棚卸高）を売上原価勘定の借方に振り替える．
　　　（借方）売上原価　×××　　（貸方）繰越商品　×××

　・仕入勘定の借方残高（当期純仕入高）を売上原価勘定の借方に振り替える．
　　　（借方）売上原価　×××　　（貸方）仕　　入　×××

　・期末商品棚卸高を売上原価勘定から繰越商品勘定の借方に振り替える．
　　　（借方）繰越商品　×××　　（貸方）売上原価　×××

〔勘定記入例〕

繰 越 商 品		仕　　　　入	
1/1 前繰 50,000		××× 480,000	

　　　　　　　　＊期末商品棚卸高 ¥60,000

〔計算式〕
　　　　売上原価 ＝ 期首商品棚卸高 ＋ 当期純仕入高 － 期末商品棚卸高
　　　　　¥470,000　　　¥50,000　　　　¥480,000　　　　¥60,000

〔決算整理仕訳〕
・（借方）売上原価　　50,000　　（貸方）繰越商品　　50,000
・（借方）売上原価　 480,000　　（貸方）仕　　入　 480,000
・（借方）繰越商品　　60,000　　（貸方）売上原価　　60,000

```
          繰 越 商 品                    仕         入
1/1  前繰  50,000 | 12/31 売原 50,000   ×××  480,000 | 12/31 売原 480,000
12/31 売原 60,000 |

              売 上 原 価
     12/31 繰商  50,000 | 12/31 繰商  60,000
        〃   仕入 480,000 |
```

〔決算振替仕訳〕
・上記の結果としての売上原価勘定は売上原価を示すので，売上原価勘定から損益勘定の借方に振り替える．
　（借方）損　　　益　　×××　　（貸方）売上原価　　×××

・売上勘定の貸方残高は当期純売上高を示すので，売上勘定から損益勘定の貸方に振り替える．
　（借方）売　　　上　　×××　　（貸方）損　　　益　　×××

主要な決算整理事項については，テキストの以下の箇所を参照すること．
① 現金過不足の整理　→　第Ⅱ部第1章「現金・当座預金取引」
② 売上原価の算定と繰越商品の整理　→　第Ⅱ部第2章「商品売買取引」
③ 貸倒引当金の設定　→　第Ⅱ部第3章「掛け取引と貸倒れ」
④ 仮払金・仮受金の整理　→　第Ⅱ部第5章「その他の債権・債務の取引」
⑤ 売買目的有価証券の評価替え　→　第Ⅱ部第6章「有価証券取引」
⑥ 引出金の整理　→　第Ⅱ部第7章「個人企業の資本金・引出金取引」
⑦ 固定資産の減価償却　→　第Ⅱ部第9章「固定資産取引」
⑧ 費用・収益の見越し・繰延べ　→　第Ⅱ部第12章「経過勘定項目」
⑨ 消耗品の繰延べ　→　第Ⅱ部第10章「営業費・その他の取引」

4．精算表の作成（8桁精算表）

　精算表は，残高試算表・損益計算書及び貸借対照表を一覧表にして，決算の概要を示すものである．また精算表は，期末試算表（年次試算表）と棚卸表（決算整理事項）から損益計算書や貸借対照表を作成する過程にあり，帳簿の締切手続きを誤りなく行う補助資料でもある．したがって，決算整理仕訳を行って帳簿を締め切る決算手続きを行う前に，決算の概要を把握しておくことで帳簿上の決算手続きを正確かつ迅速に行うために，この精算表が作成される．

　ここでの精算表は，決算整理手続きを反映するために，6桁精算表ではなく新たに修正記入欄（又は整理記入欄）が設けられた8桁精算表である．

〔具体的作成例〕

　次の決算整理事項を仕訳して，それに基づいて精算表を完成しなさい．ただし，会計期間は1月1日から12月31日までの1年である．

① 売掛金の期末残高に対して，2％の貸倒れを見積もる（差額補充法）．
② 売買目的有価証券の期末評価額は，¥180,000である．
③ 期末商品棚卸高は，¥138,000である．なお，売上原価は「仕入」の行で計算する方法によること．
④ 備品に対して減価償却を行う（定額法）．ただし，備品の取得日は本年7月1日，残存価額は取得原価の10％，耐用年数は5年であり，間接法で記帳する．減価償却額は月割りで計算する．
⑤ 借入金は平成○年10月1日に利率年6％で借り入れたものである．なお，利息は元本を返済する時に支払うことになっている．支払利息の経過期間は月割りで計算すること．
⑥ 受取手数料は7カ月で，本年5カ月分が未収となっている．
⑦ 保険料¥36,000は本年9月1日に1年分を支払ったものである．保険料の未経過期間は月割りで計算すること．

〔決算整理仕訳〕

① （借方）貸倒引当金繰入　　4,800　　（貸方）貸倒引当金　　4,800
　《注》期末売掛金勘定残高¥340,000×2％＝¥6,800（設定したい貸倒引当金）
　　　¥6,800－¥2,000＝¥4,800（追加して設定すべき貸倒引当金）
② （借方）売買目的有価証券　20,000　　（貸方）有価証券評価益　20,000
　《注》期末時価¥180,000－帳簿残高¥160,000（簿価）＝¥20,000
③ （借方）仕　　入　　　130,000　　（貸方）繰　越　商　品　130,000

(借方) 繰 越 商 品　　　138,000　　(貸方) 仕　　　入　　　138,000
《注》期首商品棚卸高＋当期商品純仕入高－期末商品棚卸高＝売　上　原　価
　　　¥130,000　　　¥670,000　　　¥138,000　　　¥662,000
④ (借方) 減価償却費　　　10,800　　(貸方) 減価償却累計額　　10,800
《注》(　取得原価－残存価額　) ÷耐用年数＝1年間の減価償却費
　　　¥120,000　¥12,000　　　5年　　　　¥21,600
　　1年間の減価償却費÷2＝¥10,800（半年分の減価償却費）
　　備品は本年に取得したため，試算表には減価償却累計額勘定はない．
⑤ (借方) 支 払 利 息　　　1,500　　(貸方) 未 払 利 息　　　1,500
《注》借入金¥100,000×利率6％÷12カ月×3カ月＝¥1,500（経過期間利息分）
　　借入金の利息は期末までに支払われていないので，試算表に現われていない．しかし，当期の費用として発生しているので，支払利息勘定に計上するとともに，同額を未払利息勘定で処理する．
⑥ (借方) 未収手数料　　　5,000　　(貸方) 受取手数料　　　5,000
　　当期受取済みの手数料には，5カ月分が含まれていない．この5カ月分は当期の受取手数料として発生したものであるから，受取手数料勘定に加算するとともに，同額を未収手数料勘定で処理する．
⑦ (借方) 前払保険料　　　24,000　　(貸方) 保　険　料　　　24,000
《注》保険料¥36,000÷12カ月×8カ月＝¥24,000（未経過期間保険料）
　　支払済みの保険料には次年度の保険料が含まれているので，当期の費用である保険料勘定から¥24,000を控除するとともに，前払保険料勘定で処理する．

　上記の決算整理仕訳が，精算表の修正記入欄（又は整理記入欄）に記入される．ただし，その場合には金額のみとなる．

精算表

勘定科目	試算表 借方	試算表 貸方	修正記入 借方	修正記入 貸方	損益計算書 借方	損益計算書 貸方	貸借対照表 借方	貸借対照表 貸方
現　　　　金	72,000						72,000	
売　掛　金	340,000						340,000	
売買目的有価証券	160,000		20,000				180,000	
繰　越　商　品	130,000		138,000	130,000			138,000	
備　　　品	120,000						120,000	
買　掛　金		280,000						280,000
借　入　金		100,000						100,000
貸倒引当金		2,000		4,800				6,800
資　本　金		300,000						300,000
売　　　上		930,000				930,000		
受取手数料		7,000		5,000		12,000		
仕　　　入	670,000		130,000	138,000	662,000			
給　　　料	91,000				91,000			
保　険　料	36,000			24,000	12,000			
	1,619,000	1,619,000						
貸倒引当金繰入			4,800		4,800			
有価証券評価益				20,000		20,000		
減価償却費			10,800		10,800			
減価償却累計額				10,800				10,800
前払保険料			24,000				24,000	
支払利息			1,500		1,500			
未払利息				1,500				1,500
未収手数料			5,000				5,000	
当期純利益					179,900			179,900
			334,100	334,100	962,000	962,000	879,000	879,000

練習問題34

次の取引を仕訳しなさい．

1．盛岡商店は，角館商店に建物を本年5月1日から月額￥50,000で貸している．しかし，これまでまったく家賃を受け取っていない．本日，決算を迎え，期末整理を行う．ただし，決算は年1回で12月31日とする．
2．期末において，現金の実際有高は帳簿残高よりも￥16,000少なかった．不足額は雑損として処理する．
3-1．決算の結果，当期純利益￥36,000を資本金に振り替える．
3-2．決算の結果，当期純損失￥84,000を資本金に振り替える．

第2章　決算予備手続き

【練習問題35】
　次の松山商店の合計残高試算表（A）と諸取引（B）に基づいて，月末の合計残高試算表と，売掛金明細表・買掛金明細表を作成しなさい．ただし，解答は（　　）のみでよい．なお，27日以降の仕入と売上はすべて掛けで行っている．
(A) 平成○年1月26日現在の合計試算表

	借方	貸方
現　　　　金	185,000	140,000
当 座 預 金	1,195,000	1,000,000
受 取 手 形	1,000,000	690,000
売　掛　金	1,220,000	900,000
貸　付　金	600,000	450,000
繰 越 商 品	500,000	
備　　　品	160,000	
建　　　物	1,000,000	
支 払 手 形	550,000	920,000
買　掛　金	360,000	750,000
資　本　金		2,300,000
売　　　上	100,000	(　　　　)
仕　　　入	900,000	165,000
給　　　料	375,000	
保　険　料	150,000	
支 払 地 代	280,000	
支 払 家 賃	90,000	
雑　　　費	30,000	
支 払 利 息	20,000	
	(　　　　)	(　　　　)

(B) 平成○年1月27日から1月31日までの諸取引
27日＊売上：高知商店 ¥65,000　池田商店 ¥100,000
　　＊仕入：香川商店 ¥120,000　高松商店 ¥55,000
　　＊貸付金の回収：¥100,000を利息¥3,000とともに送金小切手で受け取る．
28日＊仕入：徳島商店 ¥50,000　香川商店 ¥75,000
　　＊売掛金の回収：高知商店より¥80,000を同店振出しの小切手で受け取る．
　　＊手形代金の回収：約束手形¥200,000が満期となり，当座預金口座に振り込まれる．
　　＊商品の値引：27日に高知商店に販売した商品の一部に汚損品があり，¥6,000の値引きを行う．代金は売掛金と相殺する．
29日＊売上：池田商店 ¥120,000　今治商店 ¥70,000
　　＊仕入：高松商店 ¥40,000　徳島商店 ¥30,000
　　＊手形代金の支払：約束手形¥100,000が満期となり，小切手を振り出して支払う．
　　＊買掛金の支払：香川商店に対する買掛金¥100,000を支払うために，同店宛の約束手形を振り出す．また，高松商店に対する買掛金¥180,000について，小切手を振り出

　　　　して支払う.
　　＊給料の支払：本月分￥50,000と店主の家計費￥30,000について現金で支払う.
30日＊売上：高知商店　￥60,000　　今治商店　￥120,000
　　＊手持ちの手形￥100,000を銀行で割引き，手形売却損￥4,000を差し引かれ，手取金を当座預金とする.
　　＊売掛金の回収：高知商店に対する売掛金￥160,000を同店振出しの約束手形で受け取る．また，池田商店に対する売掛金￥270,000が当座預金口座に振り込まれる．
31日＊売上：高知商店　￥70,000　　池田商店　￥100,000
　　＊仕入：香川商店　￥85,000　　高松商店　￥45,000
　　＊家賃の支払：本月分￥40,000を現金で支払う.

合計残高試算表
平成○年1月31日

借方残高	借方合計	勘定科目	貸方合計	貸方残高
(　)		現　　金		
	(　)	当座預金		
		受取手形	(　)	
		売 掛 金	(　)	
(　)		貸 付 金		
		繰越商品		
	(　)	備　　品		
	(　)	建　　物		
		支払手形	(　)	
		買 掛 金		(　)
		資 本 金		(　)
		売　　上		(　)
(　)		仕　　入		
		給　　料		
	(　)	保 険 料		
(　)		支払地代		
(　)		支払家賃		
		雑　　費		
	(　)	支払利息		
	(　)	受取利息		
			(　)	

	売掛金明細表			買掛金明細表	
	1月26日	1月31日		1月26日	1月31日
高知商店	¥160,000	¥ (　　　)	香川商店	¥130,000	¥
池田商店	50,000		高松商店	180,000	
今治商店	110,000		徳島商店	80,000	(　　　)
	¥320,000	¥		¥390,000	¥

練習問題36〔精算表の作成問題〕

次の資料に基づいて，精算表を完成しなさい．ただし，会計期間は1月1日から12月31日までの1年である．

《決算整理事項》

① 売掛金に対する貸倒れ（3％）を見積もった．なお，記帳方法は差額補充法によること．
② 期末商品棚卸高は，¥65,000であった．ただし，売上原価は仕入の行で行うこと．
③ 売買目的有価証券の時価は¥72,000であり，評価替えを行った．
④ 本年期首に取得した建物の減価償却を行った．減価償却費の計算方法は定額法（残存価額は取得原価の10％で，耐用年数は20年）で，記帳方法は間接法によること．
⑤ 支払保険料は1年分で，保険契約日から決算日までの経過期間は8カ月である．
⑥ 給料の未払分が¥5,000ある．
⑦ 消耗品の未消費高は¥3,000である．なお，消耗品を購入時点で費用勘定処理法を採用している．
⑧ 受取手数料¥14,000は，本年1月から7カ月分の手数料の実際受領額である．8月から12月までの5カ月分が未収となっている．

精　算　表

勘定科目	試算表 借方	試算表 貸方	修正記入 借方	修正記入 貸方	損益計算書 借方	損益計算書 貸方	貸借対照表 借方	貸借対照表 貸方
現　　　　金	90,000							
売　掛　　金	70,000							
売買目的有価証券	60,000							
繰　越　商　品	40,000							
建　　　　物	500,000							
買　掛　　金		150,000						
貸 倒 引 当 金		2,000						
資　本　　金		600,000						
売　　　　上		420,000						
受 取 手 数 料		14,000						
仕　　　　入	320,000							
給　　　　料	50,000							
保　険　　料	36,000							
消 耗 品 費	20,000							
	1,186,000	1,186,000						
貸倒引当金繰入								
有価証券評価益								
減 価 償 却 費								
減価償却累計額								
前 払 保 険 料								
消　耗　　品								
未 払 給 料								
未 収 手 数 料								
当期純(　　)								

第3章　決算本手続き〔I〕(帳簿決算)

　決算本手続きは，決算予備手続きの結果を受けて，元帳の締切り・繰越試算表の作成・仕訳帳と補助簿の締切りを行う．

1．元帳の締切り

　元帳の締切りには，すでに第I部第5章「決算と決算手続き」で示した英米式決算法以外にも，大陸式決算法がある．英米式決算法の手順は，次のとおりとなる．

英米式決算法
(1) 決算整理仕訳と総勘定元帳への転記
(2) 損益勘定（集合損益勘定）の設定
(3) 決算振替仕訳と元帳への転記
　① 収益勘定の貸方残高を損益勘定の貸方に振り替えること
　② 費用勘定の借方残高を損益勘定の借方に振り替えること
　③ 損益勘定の残高を資本金勘定に振り替えること
　　＊損益勘定が貸方残高であれば，資本金勘定の貸方に振り替えること
　　＊損益勘定が借方残高であれば，資本金勘定の借方に振り替えること
(4) 総勘定元帳の締切りと繰越記入（次期繰越高の記入）
(5) 開始記入
　① 資産・負債・純資産（資本）の各勘定の開始記入（前期繰越高の記入）を行うこと
　② 開始記入に基づいて，繰越試算表を作成すること
(6) 仕訳帳・補助簿の締切り

　このように，英米式決算法は資産・負債・純資産（資本）の各勘定でそのまま繰り越すために，繰越高の正確性を確認する必要がある．そこで，繰越試算

表を作成するが,この点に英米式決算法の特徴がみられる.
　これに対して,大陸式決算法の手順は,次のとおりとなる.

大陸式決算法

(1) 決算整理仕訳と総勘定元帳への転記
(2) 損益勘定(集合損益勘定)の設定
(3) 決算振替仕訳と元帳への転記
　① 収益勘定の貸方残高を損益勘定の貸方に振り替えること
　② 費用勘定の借方残高を損益勘定の借方に振り替えること
　③ 損益勘定の残高を資本金勘定に振り替えること
　　＊損益勘定の貸方残高を資本金勘定の貸方に振り替えること
　　＊損益勘定の借方残高を資本金勘定の借方に振り替えること
　④ 資産勘定の借方残高を閉鎖残高(決算残高)勘定の借方に振り替えること
　⑤ 負債勘定の貸方残高を閉鎖残高(決算残高)勘定の貸方に振り替えること
　⑥ 純資産(資本)勘定の貸方残高を閉鎖残高(決算残高)勘定の貸方に振り替えること
(4) 総勘定元帳の締切り
(5) 仕訳帳・補助簿の締切り
(6) 開始記入
　① 資産・負債・純資産(資本)の各勘定の開始仕訳を行うこと
　② 開始仕訳に基づいて,総勘定元帳への転記を行うこと

　大陸式決算法では,資産・負債及び純資産(資本)勘定の残高は**閉鎖残高(決算残高)**勘定に振り替えられる点に,その特徴がみられる.したがって,大陸式決算法ではその閉鎖残高勘定に基づいて貸借対照表が作成されるのに対して,英米式決算法では繰越試算表に基づいて作成される.損益計算書については,いずれの方法でも損益勘定に基づいて作成される.また,資産・負債及び純資産(資本)それ自体は振り替えられただけで消滅したわけではなく,次期に繰り越されるべきものである.そのため,次期の期首にあらためてこれらの勘定残高をそれぞれの勘定口座に記入する必要がある.このような記入を**開始記入**といい,また開始記入を行うための仕訳を**開始仕訳**という.

(1) 決算振替仕訳と元帳への転記

① 収益・費用勘定残高の損益勘定への振替え

収益勘定の貸方残高を借方側に記入することで当該勘定の貸借を一致させるとともに，損益勘定の貸方に同額を記入する．費用勘定の借方残高を貸方側に記入することで当該勘定の貸借を一致させるとともに，損益勘定の借方に同額を記入する．これらの処理によって収益・費用の各勘定残高は差引ゼロとなり，損益勘定に振り替えられることになる．これは，損益勘定で当期純損益（当期純利益又は当期純損失）を明らかにするためである．

〔決算振替仕訳〕
- （借方）収益の諸勘定　×××　（貸方）損　　　益　×××
- （借方）損　　　益　×××　（貸方）費用の諸勘定　×××

② 損益勘定残高の資本金勘定への振替え

損益勘定が貸方残高である場合，当該残高は当期純利益を意味している．そこで，損益勘定の借方に当該残高を記入することで貸借を一致させるとともに，資本金勘定の貸方に同額を記入することで資本金を増額させる．

損益勘定が借方残高である場合には，当該残高は当期純損失を意味している．そこで，損益勘定の貸方に当該残高を記入することで貸借を一致させるとともに，資本金勘定の借方に同額を記入することで資本金を減額させる．

〔決算振替仕訳〕
＊損益勘定が貸方残高である場合
- （借方）損　　　益　×××　（貸方）資　本　金　×××

＊損益勘定が借方残高である場合
- （借方）資　本　金　×××　（貸方）損　　　益　×××

(2) 総勘定元帳の締切り

① 大陸式決算法の場合

大陸式決算法では，合計試算表の合計額と仕訳帳の合計額とが一致するかどうかによって，記帳の正確さを検証することができる．

(a) 収益・費用の諸勘定及び損益勘定の締切り

〔決算振替仕訳〕

12/31 （借方）損　　　　益　2,782,000　　（貸方）仕　　　　入　2,000,000
　　　　　　　　　　　　　　　　　　　　　　　　給　　　　料　　150,000
　　　　　　　　　　　　　　　　　　　　　　　　広　告　料　　　500,000
　　　　　　　　　　　　　　　　　　　　　　　　保　険　料　　　 36,000
　　　　　　　　　　　　　　　　　　　　　　　　交　通　費　　　 24,800
　　　　　　　　　　　　　　　　　　　　　　　　通　信　費　　　 40,000
　　　　　　　　　　　　　　　　　　　　　　　　消　耗　品　費　　8,000
　　　　　　　　　　　　　　　　　　　　　　　　発　送　費　　　　3,200
　　　　　　　　　　　　　　　　　　　　　　　　雑　　　　費　　 12,800
　　　　　　　　　　　　　　　　　　　　　　　　支　払　利　息　　7,200
　〃　（借方）売　　　　上　2,850,000　　（貸方）損　　　　益　3,000,000
　　　　　　　受取手数料　　　30,000
　　　　　　　受取家賃　　　 120,000
　〃　（借方）損　　　　益　　218,000　　（貸方）資　本　金　　218,000

〔決算振替仕訳の転記と元帳の締切り〕

```
             仕        入                                  給        料
   ×××   2,100,000 | 12/31 繰商    400,000      ×××    150,000 | 12/31 損益  150,000
   12/31 繰商 300,000 |   〃  損益 2,000,000
              2,400,000 |         2,400,000

             広   告   料                                  保   険   料
   ×××     500,000 | 12/31 損益  500,000       ×××     36,000 | 12/31 損益   36,000

             交   通   費                                  通   信   費
   ×××      24,800 | 12/31 損益   24,800       ×××     40,000 | 12/31 損益   40,000

             消   耗   品   費                             発   送   費
   ×××       8,000 | 12/31 損益    8,000       ×××      3,200 | 12/31 損益    3,200

             雑        費                                  支   払   利   息
   ×××      12,800 | 12/31 損益   12,000       ×××      7,200 | 12/31 損益    7,200

             売        上                                  受   取   手   数   料
   12/31 損益 2,850,000 |  ×××  2,850,000      12/31 損益  30,000 |  ×××      30,000

             受   取   家   賃
   12/31 損益  120,000 |  ×××    120,000
```

		損	益			15
12/31	仕　　　入	2,000,000	12/31	売　　　上	2,850,000
〃	給　　　料	150,000	〃	受取手数料	30,000
〃	広　告　料	500,000	〃	受取家賃	120,000
〃	保　険　料	36,000			
〃	交　通　費	24,800			
〃	通　信　費	40,000			
〃	消耗品費	8,000			
〃	発　送　費	3,200			
〃	雑　　　費	12,800			
〃	支払利息	7,200			
〃	資　本　金	218,000			
		3,000,000			3,000,000

《注》開始残高勘定の内容は，閉鎖残高勘定と貸借を逆にするだけである．したがって，大陸式決算法の場合でも，開始残高勘定が省略される場合が多い．しかし，期末と次期の期首との間で記帳の継続性を重視すれば，開始残高勘定を省略すべきでない．

(b) 資産・負債及び純資産（資本）勘定の締切り

〔決算期末の閉鎖仕訳〕

12/31 （借方）閉 鎖 残 高　2,036,000　　（貸方）現　　　　金　　30,000
　　　　　　　　　　　　　　　　　　　　　　　　受 取 手 形　198,000
　　　　　　　　　　　　　　　　　　　　　　　　売　掛　金　128,000
　　　　　　　　　　　　　　　　　　　　　　　　繰 越 商 品　400,000
　　　　　　　　　　　　　　　　　　　　　　　　貸　付　金　　60,000
　　　　　　　　　　　　　　　　　　　　　　　　土　　　地　800,000
　　　　　　　　　　　　　　　　　　　　　　　　建　　　物　300,000
　　　　　　　　　　　　　　　　　　　　　　　　備　　　品　120,000

　〃　（借方）買　掛　金　198,000　　（貸方）閉 鎖 残 高　2,036,000
　　　　　　　支 払 手 形　270,000
　　　　　　　借　入　金　350,000
　　　　　　　資　本　金　1,218,000

現	金		
20,000	5,000		
15,000	12/31閉残	30,000	
35,000		35,000	
1/1 開残 30,000			

受 取 手 形			
	198,000	12/31閉残	198,000
1/1 開残 198,000			

売　掛　金

	128,000	12/31 閉残	128,000
1/1 開残	128,000		

繰越商品

1/1 開残	300,000	12/31仕入	300,000
12/31仕入	400,000	〃 閉残	400,000
	700,000		700,000
1/1 開残	400,000		

貸　付　金

	60,000	12/31閉残	60,000
1/1 開残	60,000		

土　　地

	800,000	12/31 閉残	800,000
4/1 開残	800,000		

建　　物

	300,000	12/31 閉残	300,000
1/1 開残	300,000		

備　　品

	120,000	12/31 閉残	120,000
1/1 開残	120,000		

買　掛　金

12/31 閉残	198,000		198,000
		1/1 開残	198,000

支払手形

3/31 閉残	270,000		270,000
		1/1 開残	270,000

借　入　金

12/31 閉残	350,000		350,000
		1/1開残	350,000

資　本　金

12/31 閉残	1,218,000	×××	1,000,000
		12/31 損益	218,000
	1,218,000		1,218,000
		1/1 開残	1,218,000

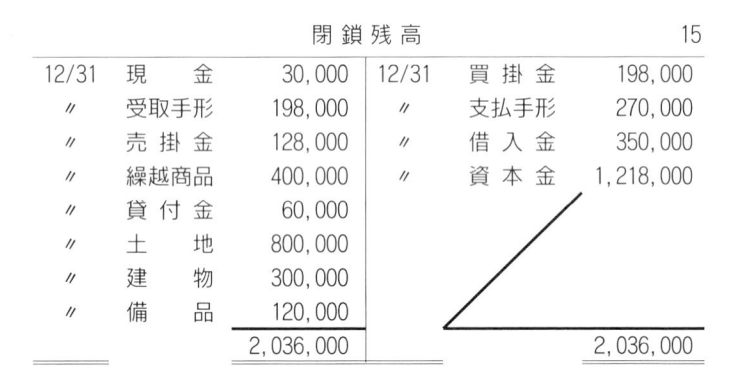

閉　鎖　残　高　　　　　　　　　　15

12/31	現　金	30,000	12/31	買　掛　金	198,000
〃	受取手形	198,000	〃	支払手形	270,000
〃	売　掛　金	128,000	〃	借　入　金	350,000
〃	繰越商品	400,000	〃	資　本　金	1,218,000
〃	貸　付　金	60,000			
〃	土　　地	800,000			
〃	建　　物	300,000			
〃	備　　品	120,000			
		2,036,000			2,036,000

〔次期の期首の開始仕訳〕

1/1	（借方）現　　　金	30,000	（貸方）開 始 残 高	2,036,000
	受 取 手 形	198,000		

	売 掛 金	128,000	
	繰越商品	400,000	
	貸 付 金	60,000	
	土　　地	800,000	
	建　　物	300,000	
	備　　品	120,000	

〃　(借方) 開始残高　2,036,000　　(貸方) 買　掛　金　198,000
　　　　　　　　　　　　　　　　　　　　支払手形　270,000
　　　　　　　　　　　　　　　　　　　　借　入　金　350,000
　　　　　　　　　　　　　　　　　　　　資　本　金　1,218,000

開 始 残 高　　　　　　　　　　　　　15

1/1	現　　金	30,000	1/1	買 掛 金	198,000
〃	受取手形	198,000	〃	支払手形	270,000
〃	売 掛 金	128,000	〃	借 入 金	350,000
〃	繰越商品	400,000	〃	資 本 金	1,218,000
〃	貸 付 金	60,000			
〃	土　　地	800,000			
〃	建　　物	300,000			
〃	備　　品	120,000			
		2,036,000			2,036,000

② 英米式決算法の場合
(a) 収益・費用の諸勘定及び損益勘定の締切り

　収益・費用の諸勘定及び損益勘定の締切りは，大陸式決算法と同じ処理を行うが，ここでは省略する．

(b) 資産・負債及び純資産（資本）勘定の締切りと繰越記入

　資本金勘定以外の貸借対照表項目は，大陸式決算法とは異なり，仕訳帳での決算振替仕訳を行わないで直接に勘定の締切りを行う．

　資産勘定の場合には，借方合計と貸方合計との差額である期末残高を貸方側に「**次期繰越**」として朱記することで貸借を一致させて，勘定を締め切る．さらに，差額である繰越額を次年度の日付で借方側に「**前期繰越**」として記入する．負債及び純資産（資本）勘定の場合には，資産勘定は逆の記入になる．借方合計と貸方合計との差額である貸方期末残高を借方側に「**次期繰越**」として

朱記することで貸借を一致させ，勘定の締切りを行う．さらに，差額である繰越額を次年度の日付で貸方側に「前期繰越」として記入する．

	現　　金				受取手形		
	20,000		5,000	×××	198,000	12/31次繰	198,000
	15,000	12/31次繰	30,000	1/1 前繰	198,000		
	35,000		35,000				
1/1 前繰	30,000						

	売　掛　金				繰越商品		
×××	128,000	12/31次繰	128,000	1/1 前繰	300,000	12/31仕入	300,000
1/1 前繰	128,000			12/31仕入	400,000	〃 次繰	400,000
					700,000		700,000
				1/1 前繰	400,000		

	貸　付　金				土　　地		
×××	60,000	12/31次繰	60,000	×××	800,000	12/31次繰	800,000
1/1 前繰	60,000			1/1 前繰	800,000		

	建　　物				備　　品		
×××	300,000	12/31次繰	300,000	×××	120,000	12/31次繰	120,000
1/1 前繰	300,000			1/1 前繰	120,000		

	買　掛　金				支払手形		
12/31次繰	198,000	×××	198,000	12/31次繰	270,000	×××	270,000
		1/1 前繰	198,000			1/1 前繰	270,000

	借　入　金				資　本　金		
12/31次繰	350,000	×××	350,000	12/31次繰	1,218,000	×××	1,000,000
		1/1 前繰	350,000			12/31損益	218,000
					1,218,000		1,218,000
						1/1 前繰	1,218,000

《注》次繰は，次期繰越の略語であり，日付・金額とともに朱記である．また前繰は，前期繰越の略語である．

2．繰越試算表の作成

英米式決算法では，資産・負債・純資産（資本）が各勘定でそのまま繰り越されるので，計算の誤りや記入洩れの発見ができない場合がある．そこで，繰越試算表を作成することで，繰越記入が正しく行われているかどうかを確認できる．

具体的な作成方法については，まず，繰越試算表の借方欄に資産勘定残高の次期繰越分を記入するとともに，その貸方欄には負債・純資産（資本）勘定残高の次期繰越分を記入する．次に，借方欄と貸方欄のそれぞれの総計を算出し，それらが一致するように作成する．

繰 越 試 算 表
平成〇年12月31日

借　方	元丁	勘定科目	貸　方
150,000	1	現　　金	
250,000	2	売 掛 金	
80,000	3	商　　品	
120,000	4	備　　品	
	6	支払手形	100,000
	7	資 本 金	500,000
600,000			600,000

《注》記帳ミスを防止するために繰越試算表が作成される．

3．仕訳帳・補助簿の締切り

(1) 仕訳帳の締切り

仕訳帳は，次頁で示すように，期中の取引を記入処理した時点及び決算整理仕訳・決算振替仕訳を記入した時点で帳簿締切りが行われる．

なお，仕訳帳を締め切った後に，日付の欄に次期の期首の日付を，次期における仕訳帳の最初の行にある摘要欄に「**前期繰越**」を，さらに借方・貸方欄に繰越試算表のそれぞれの合計金額を記入することで，開始記入が成立する（P.46を参照のこと）．これにより，英米式決算法でも，総勘定元帳勘定の借方及び貸方の合計金額と仕訳帳の貸借それぞれの合計金額とが一致する．

仕 訳 帳 3

平成○年		摘　　要	元丁	借　方	貸　方
		前ページから		×××	×××
		決算仕訳			
12	31	（仕　　　　入）		300,000	
		（繰 越 商 品）			300,000
		期首商品棚卸高を仕入勘定へ			
	〃	（繰 越 商 品）		400,000	
		（仕　　　　入）			400,000
		期末商品棚卸高を繰越商品勘定へ			
	〃	（貸倒引当金繰入）		6,000	
		（貸 倒 引 当 金）			6,000
		貸倒れの見積もり計上			
	〃	（減 価 償 却 費）		38,000	
		（減価償却累計額）			38,000
		減価償却費の計上			
	〃	（前 払 保 険 料）		4,500	
		（保　険　料）			4,500
		保険料前払分（3ヵ月）計上			
	〃	（消　耗　品）		18,000	
		（消 耗 品 費）			18,000
		消耗品の未使用分			
	〃	（支 払 家 賃）		8,000	
		（未 払 家 賃）			8,000
		家賃の未払分（4ヵ月）計上			
	〃	（資　本　金）		20,000	
		（引　出　金）			20,000
		引出金の整理			
	〃	諸　　口　（損　　益）			3,000,000
		（売　　　　上）		2,850,000	
		（受 取 利 息）		150,000	
		収益勘定の損益勘定振替え			
	〃	（損　　益）　諸　　口		2,450,000	
		（仕　　　　入）			2,100,000
		（給　　　料）			180,000
		（保　険　料）			18,000

		（減 価 償 却 費）			38,000
		（広　告　　料）			50,000
		（貸倒引当金繰入）			6,000
		（消 耗 品 費）			32,000
		（支 払 家 賃）			24,000
		（雑　　　　費）			2,000
	費用勘定の損益勘定振替え				
	〃	（損　　　益）		550,000	
		（資　本　金）			550,000
	当期純利益の振替え				
				6,794,500	6,794,500

(2) 補助簿の締切り

　現金出納帳・当座預金出納帳・仕入帳・売上帳・商品有高帳・得意先元帳（売掛金元帳）・仕入先元帳（買掛金元帳）などの補助簿は，毎週末あるいは毎月末に締め切られている．したがって，これらは決算に際しても当然締め切られるが，すでに各章で取り上げてきたので，ここでは省略する．

　・現金出納帳………P.55
　・当座預金出納帳…P.60
　・小口現金出納帳…P.65
　・仕入帳……………P.78
　・売上帳……………P.79
　・商品有高帳………P.81-82
　・得意先元帳………P.89-90
　・仕入先元帳………P.92
　・受取手形記入帳…P.104
　・支払手形記入帳…P.105

第4章　決算本手続き〔Ⅱ〕（財務諸表の作成）

　財務諸表には，主に一定時点における企業の財産等の状況を明らかにする貸借対照表（B/S）と，一定期間における企業の損益状況を明らかにする損益計算書（P/L）などが含まれる．

　また，財務諸表の様式には勘定式と報告式がある．**勘定式**とは，左右対照の形式で表示する方法であり，借方側に資産，貸方側に負債・純資産（資本）を，あるいは借方側に費用，貸方側に収益を記載する．**報告式**とは，資産・負債及び純資産（資本）という順序で，あるいは収益・費用という順序で記載する．ここでは，勘定式の財務諸表のみを取り上げる．

1．損益計算書

　その表示方法には，無区分表示方法と二区分表示方法とがある．

(1) 勘定式の損益計算書（無区分表示）

損 益 計 算 書
東京商店　平成〇年1月1日から平成〇年12月31日

費　　用	金　　額	収　　益	金　　額
売 上 原 価	420,000	売　　　　上	698,000
給　　　　料	36,400	受 取 家 賃	54,000
保 険 料	18,000	受 取 手 数 料	14,400
貸倒引当金繰入	6,000	有価証券評価益	20,000
減 価 償 却 費	12,000		
支 払 手 数 料	72,000		
雑　　　　損	2,000		
当 期 純 利 益	**220,000**		
	786,400		786,400

無区分表示とは，個別的・直接的な因果関係をもつ売上高と売上原価と，期間的・間接的な因果関係しかもたない売上高と販売費及び一般管理費との関係を区別しないで表示する方法である．

(2) 勘定式の損益計算書（二区分表示）

損 益 計 算 書
東京商店 平成○年1月1日から平成○年12月31日

費　　　　用	金　　額	収　　　　益	金　　額
期首商品棚卸高	68,000	売　　　　　上	698,000
当期商品純仕入高	408,000	期首商品棚卸高	56,000
売 上 総 利 益	278,000		
	754,000		754,000
給　　　　料	36,400	売 上 総 利 益	278,000
保　険　料	18,000	受 取 家 賃	54,000
貸倒引当金繰入	6,000	受 取 手 数 料	14,400
減 価 償 却 費	12,000	有価証券評価益	20,000
支 払 手 数 料	72,000		
雑　　　　損	2,000		
当 期 純 利 益	220,000		
	366,400		366,400

二区分表示とは，売上高・売上原価との関係と，売上高・販売費及び一般管理費との関係を区別して表示する方法であり，主たる営業活動（本来の商品売買活動）によって獲得された粗利益（売上総利益）を明らかにできる．また，商品売買業では，売上高から控除される売上原価が商品の仕入原価であるので，売上高に対する売上総利益の割合は，商品1単位あたりの平均的な利益率を示すことになる．したがって，商品にいくら利益を加算しているか，収益性の高い商品であるか否かを理解しやすい点で，無区分表示よりも優れている．

2．貸借対照表

貸借対照表は，資産・負債・純資産（資本）勘定及び繰越試算表に基づいて

作成される．

(1) 勘定式による貸借対照表
① 控除結果表示

控除結果表示とは，以下に示すとおり，例えば売掛金等のマイナスを示す貸倒引当金を売掛金から直接控除した結果のみを表示する方法である．その場合，控除した貸倒引当金や減価償却累計額を個別注記表で注記する必要がある．

貸 借 対 照 表

東京商店　　　　　　　　平成○年12月31日現在

資　　産	金　　額	負債・純資産（資本）	金　　額
現　　　　金	200,000	買　掛　金	180,000
売　掛　金	147,000	支　払　手　形	250,000
受　取　手　形	205,800	借　入　金	50,000
売買目的有価証券	118,000	前　受　家　賃	18,000
商　　　　品	56,000	未　払　手　数　料	24,000
貸　付　金	100,000	資　本　金	1,000,000
備　　　　品	108,000	当期純利益	220,000
土　　　　地	800,000		
前　払　保　険　料	6,000		
未　収　利　息	1,200		
	1,742,000		1,742,000

《注》① 売掛金及び受取手形には，それぞれ貸倒引当金￥3,000及び￥4,200が控除されている．
　　　② 備品には，減価償却累計額￥12,000が控除されている．

② 控除形式表示

控除形式表示とは，下記のとおり，控除した結果のみを表示しないで，貸倒引当金や減価償却累計額を売掛金・受取手形や備品などから控除する形式で表示する方法である．この表示方法は，外部利害関係者からみれば，投下した企業資金の回収状況が理解しやすい点で，控除結果表示よりも優れている．この方法には，さらに項目別控除形式表示と一括控除形式表示とがある．**項目別控除形式表示**とは，売掛金や受取手形，備品や建物などの貸借対照表項目別に控除する形式で表示する方法である．**一括控除形式表示**とは，2つ以上の項目に

ついて貸倒引当金や減価償却累計額を一括して控除する形式で表示する方法である．これらの違いは，表示方法の細目性の程度問題であって，本質的な違いではない．ここでは，便宜的に項目別控除形式表示方法のみを示しておく．

貸 借 対 照 表

東京商店　　　　　　　　平成〇年12月31日現在

資　産		金　額	負債・純資産(資本)	金　額
現　　金		200,000	買　掛　金	180,000
売　掛　金	150,000		支 払 手 形	250,000
貸倒引当金	3,000	147,000	借　入　金	50,000
受 取 手 形	210,000		前 受 家 賃	18,000
貸倒引当金	4,200	205,800	未払手数料	24,000
売買目的有価証券		118,000	資　本　金	1,000,000
商　　品		56,000	当期純利益	220,000
貸　付　金		100,000		
備　　品	120,000			
減価償却累計額	12,000	108,000		
土　　地		800,000		
前払保険料		6,000		
未 収 利 息		1,200		
		1,742,000		1,742,000

練習問題37

次の決算整理後の残高試算表に基づいて，損益計算書（無区分表示）と貸借対照表を完成しなさい．なお，会計期間は1月1日から12月31日までの1年である．

残 高 試 算 表

借　方	元丁	勘定科目	貸　方
66,000	1	現　　　　　金	
350,000	2	売　　掛　　金	
187,900	3	売買目的有価証券	
176,000	4	繰　越　商　品	
160,000	5	備　　　　　品	
	6	買　　掛　　金	230,800
	7	貸　倒　引　当　金	7,000
	8	減 価 償 却 累 計 額	43,200
	9	資　　本　　金	500,000
	10	売　　　　　上	1,924,000
	11	受　取　手　数　料	27,400
	12	受　取　利　息	7,500
1,745,000	13	仕　　　　　入	
22,000	14	支　払　家　賃	
20,800	15	保　　険　　料	
14,400	16	減 価 償 却 費	
7,000	17	貸倒引当金繰入	
	18	有価証券評価益	5,600
5,200	19	前　払　保　険　料	
	20	前　受　手　数　料	5,800
1,000	21	未　収　利　息	
	22	未　払　家　賃	4,000
2,755,300			2,755,300

損 益 計 算 書

東京商店　　平成○年1月1日から平成○年12月31日

費　用	金　額	収　益	金　額
売上原価	(　　)	売　上	(　　)
支払家賃	(　　)	(　　)	(　　)
保険料	(　　)	(　　)	(　　)
(　　)	(　　)		
(　　)	(　　)		
(　　)	(　　)		
	(　　)		(　　)

貸 借 対 照 表

東京商店　　平成○年12月31日現在

資　産	金　額	負債・純資産(資本)	金　額
現　金	(　　)	買掛金	(　　)
売掛金 (　　)		(　　)	(　　)
(　　)(　　)	(　　)	(　　)	(　　)
(　　)	(　　)	資本金	(　　)
(　　)	(　　)	(　　)	(　　)
備品 (　　)			
(　　)(　　)	(　　)		
(　　)	(　　)		
(　　)	(　　)		
	(　　)		(　　)

《注》なお，赤で書くべきところは，赤で記入すること．

索　引

〈ア　行〉

相手勘定科目名　25
預り金　112
洗替法　96
意匠権　127
一伝票制　143
一部振替取引　145
一括控除形式表示　190
一般的な取引　19
移動平均法　80
印紙税（勘定）　118, 124, 125
受取地代　14
受取手形　99
受取手形記入帳　103
受取手数料（勘定）　14, 153
受取手付金勘定　108
受取人　99
受取配当金勘定　119
受取家賃（勘定）　14, 154
受取利息（勘定）　14, 65
内金　107
売上勘定　73, 167
売上原価（勘定）　81, 82, 167, 168
売上諸掛　70
売上総利益　81, 82
売上高　81, 82
売上帳　78
売上値引　74
売上戻り　75
売上割引（勘定）　76
売上割戻（勘定）　76, 77
売掛金（勘定）　12, 87
売掛金明細表　88, 90
売掛金元帳　88
運送業簿記　7
営業外支払手形勘定　129
営業外収益　76, 77, 141
営業外費用　76, 77, 101, 140
営業費　136
営業費内訳表　137
英米式決算法　37, 177

営利簿記　7

〈カ　行〉

買掛金（勘定）　13, 87
買掛金明細表　90, 92
買掛金元帳　90
会計期間　6
開始記入　46, 178
開始仕訳　178
家計費　123
掛取引経由起票法　145
貸方　20
貸倒損失勘定　92
貸倒引当金勘定　93
貸倒引当金繰入勘定　93
貸倒引当金戻入（益）勘定　95
貸付金（勘定）　12, 109
学校簿記　7
株式　117
株式会社　8
株式会社簿記　8
貨幣証券　98
借入金（勘定）　13, 109
仮受金（勘定）　113
借方　20
仮払金（勘定）　113
為替手形　99
勘定　21
勘定科目　21
勘定口座　21
勘定式　188-190
間接法　131
官庁簿記　7
関連会社株式　118
機械装置（勘定）　127, 129
期間損益計算　10
期首　6
期中　6
起票　142
期末　6
逆算進行法　36
キャッシュ・フロー計算書　15, 160

196　索　　引

級数法　130
給料　15, 136
銀行簿記　7
銀行預金勘定　57
金融債　117
金融手形　99, 103
口別損益計算　10
繰越試算表　35, 43, 185
繰越商品勘定　73, 167
経営成績　6
経過勘定項目　151
経済　3
経済活動　4
経済活動体　3
経済事象　4
決算　31, 159
決算試算表　35
決算整理記入　165
決算整理（仕訳）　36, 165
決算手続き　31, 159
決算振替（仕訳）　38, 179
決算本手続き　160, 177, 188
決算予備手続き　160, 161
月次試算表　35
減価償却　130
減価償却費　130
減価償却累計額勘定　131
現金勘定　12, 51
現金過不足勘定　56
現金出納帳　54
交換取引　20
鉱業権　127
工業簿記　7
合計残高試算表　32, 164
合計試算表　32
合計転記　148
広告料　15, 136
合資会社　8
控除形式表示　190
控除結果表示　190
交通費　15, 118, 136
合同会社　8
合名会社　8
項目別控除形式表示　190
国債　117
子会社株式　118

小書き　23
小口現金（勘定）　62
小口現金出納帳　64
公社債満期利札　52
個人企業　8
個人企業簿記　8
固定資産　127
固定資産税　124, 125
固定資産台帳　135
固定資産売却益勘定　132
固定資産売却損勘定　132
個別法　80
混合勘定　72
混合取引　20

〈サ　行〉

財貨　12
債権　12
在庫管理　80
財産管理　6
財産法　16
財政状態　6
再振替取引　139, 152-154
債務　13
財務諸表　15, 188
差額補充法（追加法）　94
先入先出法　81
雑益　14
雑費　15
残存価額　131
残高式　24
残高試算表　31
三伝票制　22, 144
3分法（3分割法）　73, 167
仕入勘定　73, 167
仕入先元帳　90, 92
仕入諸掛　70
仕入帳　77
仕入値引　74
仕入戻し　75
仕入割引（勘定）　76
仕入割戻（勘定）　76, 77
次期繰越　42, 183
自己振出小切手　58
事業税　124, 125
資産　12

資産勘定処理法　　140
試算表　　31, 161
仕丁欄　　24
実地棚卸（法）　　139, 167
実用新案権　　127
自動車税　　124, 125
支払地代　　15
支払手形　　99
支払手形記入帳　　104
支払手数料　　15
支払手付金勘定　　108
支払人　　99
支払家賃　　15, 136
支払利息　　15
資本金　　13, 121
資本証券　　98
社会保険料預り金勘定　　112
借用証書　　99, 102, 109
社債　　117
車両運搬具（勘定）　　12, 127, 129
収益　　14
収益の繰延べ　　154
収益の見越し　　153
従業員預り金勘定　　112
従業員立替金勘定　　112
修繕費勘定　　128
出金取引　　20
出金伝票　　20, 142, 144
取得原価　　128, 129, 131
主要簿　　29
純財産（正味財産）　　11
純資産（資本）　　13
純資産（資本）等式　　12
商業簿記　　7
商業手形　　99, 103
償却債権取立益　　96
消極財産　　11
消費経済活動体　　4
諸口　　24
商標権　　127
商品（勘定）　　12, 70-72, 167
商品有高帳　　80
商品売上益　　14
商品券（勘定）　　13, 114
商品証券　　98
商品売買益（勘定）　　14, 71, 167

商品販売益　　14
消耗品（勘定）　　139
消耗品費（勘定）　　15, 139
所得税・住民税　　124
所得税預り金勘定　　112
仕訳　　21
仕訳帳　　21, 22, 29, 46, 185
仕訳月計表　　148
仕訳集計表　　148
仕訳週計表　　148
仕訳旬計表　　148
仕訳日計表　　148
仕訳伝票　　142, 143
人名勘定　　87
生産経済活動体　　4
生産高比例法　　130
精算表　　36, 170
積極財産　　11
前期繰越　　42, 183, 185
前期損益修正項目　　96
全部振替取引　　145
総勘定元帳　　23, 29, 179
総記法　　72, 167
送金小切手　　53
総平均法　　80
その他有価証券　　118
租税公課勘定　　65, 118, 125
損益勘定　　38, 45, 179
損益計算書　　14, 188
損益計算書等式　　14
損益取引　　20
損益法　　17

〈タ　行〉

貸借平均の原理　　9, 25, 32, 33
貸借対照表　　11, 189
貸借対照表等式　　12
耐用年数　　131
大陸式決算法　　37, 178
多勘定処理法　　125, 132, 136
多桁式試算表　　35
立替金（勘定）　　12, 75, 112
建物（勘定）　　12, 127, 128
他店商品券（勘定）　　115
棚卸表　　36, 165
他人振出小切手　　52

単一勘定処理法　61, 125, 137
単桁式試算表　35
単式簿記　7
単純分割起票法　145
地方債　117
帳簿の締切り　37
帳簿組織　30
帳簿棚卸　167
直接法　131
追加元入れ　121
通貨　52
通貨代用証券　52
通信費　15, 118
定額資金前渡制　62
定額法　130
定期預金　57
定率法　130
手形貸付金（勘定）　99, 110
手形借入金（勘定）　99, 110
手形の裏書譲渡　101
手形の更改　103
手形の割引　101
手形売却損勘定　101
手形振出人　99
摘要欄　24
手付金　108
転記　23
伝票制度　142
顛末欄　103, 104
当期純損益　16, 17, 40
当期純損失　40, 45
当期純利益　45
当座勘定　61
当座借越（勘定）　60
当座借越契約　60
当座取引契約　57
当座預金勘定　57
当座預金出納帳　59
投資その他の資産　128
統制（統括）勘定　87, 132, 136
統制勘定処理法　132
登録免許税　125
得意先元帳　88, 89
土地（勘定）　12, 127, 128
特許権　127
取引要素　21

〈ナ　行〉

名宛人　99
二勘定処理法　60
二区分表示　189
二重転記　35
入金取引　20
入金伝票　20, 142, 144
年次試算表　161
農業簿記　7
納税準備預金　57
のれん　128

〈ハ　行〉

配当金領収書　52
売買目的有価証券（勘定）　118, 119
8桁精算表　36, 170
発送費勘定　75
非営利簿記　7
引受人　99
引出金（勘定）　123
備品（勘定）　127, 129
病院簿記　7
費用　15
費用勘定処理法　139
標準式　24
費用の繰延べ　152
費用の見越し　151
複式簿記　7
福利厚生費勘定　71, 112
福澤諭吉　10
負債　13
普通預金　57
振替取引　20
振替伝票　20, 142, 144
分記法　71, 167
不動産業簿記　7
閉鎖残高（決算残高）勘定　178
報告式　188
法定福利費勘定　71, 112
簿記　3
簿記上の取引　19
補助記入帳　29, 54, 59, 64, 77, 78, 103, 104
補助簿　29, 187
補助元帳　30, 80, 88, 90, 135, 137
保険料（勘定）　15, 70

ホテル業簿記　7

〈マ　行〉

前受金（勘定）　13, 107
前受収益　151
前払金（勘定）　12, 107
前払費用　151
満期保有目的の債券　118
未決算勘定　56
未収金（勘定）　12, 110, 111
未収収益　151
未払金（勘定）　13, 110, 111
未払費用　151
未払税金（勘定）　125
無形固定資産　127
無区分表示　189
元入れ　121
元丁欄　23
持分会社　8

〈ヤ　行〉

約束手形　98
役員立替金勘定　112
有価証券　117
有価証券売却益（勘定）　119
有価証券売却損（勘定）　119
有価証券評価益（勘定）　120
有価証券評価損（勘定）　120
有価証券利息（勘定）　119
有形固定資産　127
郵便振替証書　53
郵便貯金　57
郵便振替貯金　57

〈ラ　行〉

旅費勘定　113
ルカ・パチオリ　9
6桁精算表　36

《著者紹介》

西 村 勝 志（にしむら かつし）

1959年　宮崎県宮崎市生まれ
1987年　明治大学大学院経営学研究科博士後期課程単位取得満期退学
現　在　愛媛大学法文学部総合政策学科教授

主要業績

単　著　『金融自由化の諸問題と会計ディスクロージャー制度』（愛媛大学経済学研究叢書12号，2004年）

共著等　『決算実務ハンドブック』（中央経済社，1987年），『企業会計の現状と展望』（白桃書房，1988年），『大学基本簿記』（白桃書房，1990年），『財務会計の基礎知識』（東京経済情報出版，1993年），『国際会計基準精説』（白桃書房，1994年），『新出題傾向会計士二次試験短答式簿記』（税務経理協会，1995年），『現代会計学概論』（税務経理協会，1996年），『現代簿記要説』（中央経済社，1997年），『会計学の基礎』（税務経理協会，1998年），『現代財務会計論』（東京経済情報出版，2000年），『会計の戦略化――経営環境の変化と会計』（税務経理協会，2002年），「金融自由化における投資家保護とPrivate Financeの諸問題」（日本郵政公社四国支社貯金事業部『委託研究』2003年），『国際財務会計論』（税務経理協会，2005年）等

辞　典　『最新経営学用語辞典』（学文社，1994年），『基本会計税務用語辞典』（白桃書房，1995年），『コンパクト連結会計用語辞典』（税務経理協会，2007年）

その他，論文等多数．

簿 記 原 理
――初学者のための簿記入門――

2009年 4 月20日　初版第 1 刷発行
2014年 6 月 5 日　初版第 3 刷発行

＊定価はカバーに表示してあります

著者の了解により検印省略

著　者　西　村　勝　志 ©
発行者　川　東　義　武
印刷者　藤　森　英　夫

発行所　株式会社　晃 洋 書 房

〒615-0026　京都市右京区西院北矢掛町 7 番地
電　話　075(312)0788番（代）
振替口座　01040-6-32280

ISBN978-4-7710-2041-2　印刷・製本　亜細亜印刷㈱

JCOPY 〈(社)出版者著作権管理機構 委託出版物〉
本書の無断複写は著作権法上での例外を除き禁じられています．
複写される場合は，そのつど事前に，(社)出版者著作権管理機構
（電話 03-3513-6969，FAX 03-3513-6979，e-mail:info@jcopy.or.jp）
の許諾を得てください．